ESSAI SUR L'HOMME

ESSAI

SUR

L'HOMME

PAR

EMILE HANNOTIN

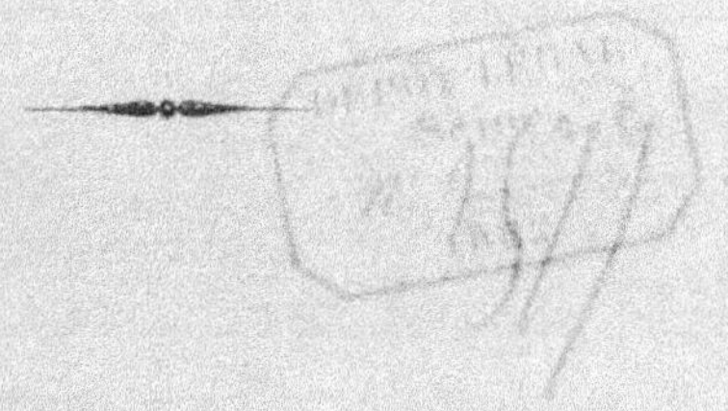

PARIS

IMPRIMERIE DE CHARLES NOBLET ET FILS

13, RUE CUJAS, 13

—

1882

ESSAI SUR L'HOMME

CHAPITRE PREMIER

QU'EST-CE QUE L'HOMME?

L'essence de l'homme est simplement une volonté, laquelle, en se reliant à la pensée de l'âme et à la vie sensible du corps, exécute des actes dont elle est responsable. La volonté humaine émane de la raison qui l'engendre, parce qu'en nous la connaissance précède tout nécessairement et principalement le vouloir; ce vouloir, comme agent personnel, a en son pouvoir une propriété que lui seul possède, celle de créer des forces au sein des organes, lesquels, par là, exécutent les mouvements commandés. L'unité humaine, comme l'unité divine, est constituée par la volonté, voilà ce qui rend l'homme absolument un. Tout en s'aidant de l'âme, ainsi que du corps, il vit dans une noble indépendance, en s'élevant progressivement vers la Vérité, qui est sa fin suprème, la plus noble qui se puisse concevoir.

Seul l'homme a une volonté, car on ne doit nommer volonté que la cause motrice des actes qui a en soi la puissance de faire agir par elle-même, par une énergie qui ré-

side personnellement en elle. Or, nous allons démontrer que
ni l'âme ni le corps ne possèdent cette énergie, et qu'on se
trompe en les croyant des moteurs ; ils ont bien des désirs,
et ordinairement on considère le plus fort, celui qui l'emporte comme étant la volonté, mais cette dénomination est
défectueuse. Si l'animal produisait par lui-même de la force,
il serait libre comme vous et moi, mais il ne l'est pas ; il
est mû par la nature, qui agit au moyen du besoin et de la
contrainte, de manière à le mener en laisse. Quant à l'âme,
elle ne produit pas non plus des locomotions, parce qu'en
nous il ne peut exister qu'une volonté responsable des
actes. Lorsque je fais quelque chose de mal, on n'accuse pas
deux êtres, deux causes individuelles, chacun sait qu'une
seule mérite le blâme et la condamnation. Comment confondre ma personne ou ma volonté avec ma raison, avec
les désirs de mon âme, avec les sentiments de ma conscience,
puisque journellement je suis, où ma volonté se trouve en
opposition avec eux ?

L'âme et la personne sont égales ou plutôt le devien-
dront, parce qu'elles se rendent des services équivalents,
et que leur immortalité et leurs mérites se valent, car si la
première pense et désire le bien, c'est le moi qui l'exécute
avec le concours du corps. La personne humaine doit sa vie
à l'âme, mais l'âme lui devra son bonheur absolu. Si vous
supposez en nous deux volontés, c'est inutile, vous admettez une superfétation qui briserait l'harmonie du tout et
annulerait la responsabilité morale. Sans doute, il y a lutte
et discorde entre nos trois natures, mais cet antagonisme,
qui sert au progrès, n'est que transitoire ; l'acte méritoire
ou injuste ne peut être attribué qu'à un seul individu, il n'y
a donc qu'une seule volonté cause de nos faits publics et

privés, bien qu'elle reçoive l'appui indispensable de deux autres individus qui ont des mérites d'un autre genre, intérieurs et invisibles.

Si l'âme était l'homme, alors elle aurait une volonté ; mais cette idée est insoutenable, la volonté a des habitudes, des vices que n'a pas l'esprit. Jamais mon esprit ne sera ivrogne ou crapuleux ; la volonté tombe dans ses excès, parce qu'elle vit en partie par le corps et qu'elle s'en rend la complice. L'esprit pur, semblable à Dieu, plane au-dessus de ces turpitudes qu'il déplore, en s'éloignant de toute complicité.

L'âme a besoin de la volonté, mais celle-ci la sépare de la chair et de ses voluptés corruptrices des mœurs, car elle détourne toujours l'homme de ce qui est défendu. Si l'âme et la volonté ne formaient qu'une chose, qu'une nature, ou que l'une soit la servante docile de l'autre, comme l'amour spirituel par exemple, car l'amour sensible a des tendances souvent opposées, dans ces conditions il n'y aurait pas lutte presque continuelle entre la volonté et l'intelligence, que je prends ici comme synonyme du mot âme. Ce sont donc deux natures distinctes, bien qu'associées dans le sein de toute vie humaine ; différentes, quoique toutes les deux spirituelles.

Ainsi la volonté est d'une nature spirituelle, comme l'amour et le désir, qui sont engendrés aussi bien qu'elle, seulement les désirs qui nous impressionnent appartiennent soit à l'âme, soit au corps, l'homme ne fait qu'y participer. Car si l'homme avait un amour à lui, des désirs à lui, alors l'âme et le corps lui seraient inutiles, il pourrait vivre sans eux, ce qui n'est pas. Il lui manquerait des parties, des fonctions qui lui sont absolument nécessaires et dont il n'ar-

riverait à se passer qu'en étant horriblement incomplet.
Par exemple, les âmes de la vie future, telles que les comprend saint Augustin, n'agissent pas (dernier chapitre de *la
Cité de Dieu*). Alors ce n'est pas là vivre ; l'immobilité
pour l'homme, voilà la mort absolue.

On s'abuse donc énormément en croyant que la mémoire,
l'amour et les désirs appartiennent en propre à l'homme,
cela est faux, puisqu'ils ne dépendent pas de lui, comme la
volonté. Certes, il en use, il y participe, néanmoins il n'en
dispose pas absolument. Ces facultés sont si différentes de
l'homme qu'on le voit sans cesse résister aux meilleurs sentiments et aux plus excellents désirs de l'âme ; d'un autre
côté, il n'est pas garant des passions et des mauvais désirs
auxquels son associé inférieur tend à l'entraîner ; tandis
qu'au milieu de tous ces combats il demeure garant de sa
mauvaise volonté, parce qu'elle est son moi à lui. Dans vos
gros livres et dans vos nombreux discours, vous ne parlez
que de l'antagonisme entre le corps et l'âme, mais il y a
un troisième acteur, il y a l'homme balancé entre ces deux
influences, tantôt cédant à droite, tantôt allant à gauche,
tombant et se relevant tour à tour.

Selon l'enseignement dogmatique des docteurs du catholicisme, l'âme et le corps forment l'essence de l'homme ; cependant, s'il n'est individuellement ni l'âme ni le corps, je
demande ce qu'il est lui-même ? Une abstraction sans doute.
D'ailleurs, s'il est deux choses, alors je ne distingue plus
en lui d'unité, il n'est ni simple ni un ; je le cherche sans le
trouver. Sa nature, dites-vous, est à la fois spirituelle et
charnelle, mais, entre les deux, où voyez-vous le lutteur ? Il
n'est rien, puisqu'il n'arrive à être ni l'esprit, ni la chair,
qui ont chacun des désirs. Si lui a des désirs, alors ils sont

trois. Oui, en effet, ils sont trois ; néanmoins, qu'est-ce qui
distingue l'homme et en fait un individu ? Vous l'ignorez :
pour nous, c'est la volonté séparée des désirs, laquelle a la
puissance libre et motrice que ne possèdent ni les désirs, ni
l'âme, ni la bête.

Saint Augustin, dans *la Cité de Dieu* (liv. XIX, ch. III),
loue Varron d'avoir dit que l'homme n'est ni l'âme seule,
ni le corps seul, mais l'âme et le corps réunis. — Cet amalgame ne fait pas un homme, puisqu'il ne peut diriger ni
l'âme, ni le corps, ni se servir soit de l'un, soit de l'autre.
Vous ne me montrez pas ce qui différencie l'homme, le
pose et en fait un individu personnel. Ainsi j'ai le droit de
conclure que votre définition est fausse ; aussi fortement
fausse que celles qui consistent à dire si à tort : soit que
l'homme est le corps, soit qu'il est l'âme. Non, il est autre
chose : on ne doit voir dans son individualité, dans sa personnalité une et simple, ni le corps, ni l'âme, qui lui sont
seulement unis ; on doit y voir une volonté puissante, auteur
de ses actes, marchant entre deux amis qui le soutiennent
et le conseillent en étant rarement d'accord sur le meilleur
chemin à prendre. On a beaucoup trop admiré M. de Bonald
définissant l'homme *une intelligence servie par des organes ;*
cette définition est encore très fausse. D'abord l'intelligence
n'appartient pas absolument au moi ; ainsi le moi humain
n'est pas toujours le maître de sa raison et de ses désirs,
parfois sa volonté les combat ; au lieu qu'il est toujours
maître de sa volonté et n'est pas libre de la combattre. Ce
que le moi pense, ce qu'il juge juste, il ne le veut pas toujours, et remarquez que ce qu'il veut, il le veut malgré tout
et l'exécute s'il le peut. En outre, il semblerait, d'après ce
monsieur, que ces organes sont de simples instruments et le

corps une machine plus ou moins bien montée ; voilà qui est
très mal comprendre l'homme ; approuvons plutôt saint
Paul d'avoir vu dans le corps des sentiments et des désirs
souvent opposés aux tendances de l'intelligence. Et maintenant à l'idée de saint Paul ajoutons ceci : nous remarquons que les bons désirs sont d'accord avec la raison, alors
qu'il arrive fréquemment que ces bons désirs rencontrent
de l'opposition de la part de la volonté. Nous en concluons
que les bons désirs, les sentiments honnêtes, font partie de
l'âme comme la raison, et qu'ils constituent ensemble une
individualité procédant de la première, puisqu'il faut connaître avant de vouloir.

Poussant plus loin nos recherches, en employant la même
méthode, nous nous posons la question de savoir d'où provient la vie corporelle et de quelle race elle sort ? Elle semble
provenir de la volonté humaine, parce qu'il faut vouloir
avant d'agir, toute action extérieure étant la suite d'une
impulsion intérieure de la volonté. Si la vie, l'instinct et ses
conséquences, qui sont autre chose que le sang, les os et la
chair que nous voyons, ne procédaient pas de l'homme, le
corps serait tout à fait indépendant de nous, et aucun lien
ne rattacherait sa sensibilité à notre personne ; mais ce lien
est plus fort que la mort. Sans doute, dans toutes ces opérations d'engendrement, il faut tenir grand compte de l'intervention créatrice de Dieu, néanmoins sa Providence se sert
d'une de nos facultés pour en faire sortir une autre, comme
par lui le fruit procède de la fleur et la fleur naît dans le bouton. L'enfant, à l'état de fœtus, reçoit ses organes visibles,
purement matériels, du père et de la mère, qui lui communiquent ce qu'il y a en eux de tangible ; mais l'instinct, la
vie intactile proviennent d'ailleurs, et c'est la volonté qui

doit les donner ; voilà la cause qui les gouverne et les vivifie sans cesse. Du reste, les deux se prêtent un appui mutuel absolument nécessaire à chacun des associés. Et ces deux unis à la raison, il en résulte qu'en nous nous sommes trois vivants : la raison, la volonté et la sensibilité. Nous prouverons bientôt que cette dernière est le corps immortel.

Dans l'animal, en général, il y a deux espèces d'animations ; il y a la vie végétale, qui comprend la croissance, la circulation du sang ; puis la vie sensitive et des mouvements actifs de la locomotion. Ce principe animé des sensations et du changement de lieu, les animaux communs, tels que le chien, le cheval, le loup, etc., ce principe d'activité, ils le tiennent de la nature ; je dis que notre corps animal le tient de la volonté de l'homme, sans quoi rien ne le rattacherait à nous, tandis que nos attaches sont telles qu'on ne voit pas comment nous pourrions nous passer de lui, en même temps qu'il ne peut se mouvoir sans notre aide, bien qu'il ait des tendances contraires à celles de son auteur, tendances mauvaises qui puisent leur source dans la vie végétative, beaucoup plus basse que celle des sens et surtout de l'instinct animal. Car l'instinct de l'animal humain connaît le devoir, puisqu'il tire son origine de l'homme, qui connaît l'obligation morale, tel père, tel fils ; d'ailleurs notre conjoint participe à tout ce qui nous touche, ainsi il nous ressemble. En sorte que notre compagnon n'est pas de la race vulgaire des animaux en général ; non, par droit de naissance, il appartient au genre humain. Par ses instincts moraux, il mérite et démérite comme l'homme ; et il se trouve destiné à progresser, avec et autant que l'homme. En effet, nous faisons son éducation, et rien d'humain ne lui est étranger. S'il était étranger à ce qui nous regarde plus

que tout au monde, il n'y aurait rien de commun entre
nous, si ce n'est la haine; or, nous aimons notre corps et
ses actes méritoires, car ils sont méritoires quand ils travaillent et vont à mort pour les autres.

Trois vies en l'homme sont immortelles; car celle de
l'âme, étant essentiellement immortelle par nature, comme
existant par elle-même, communique la vertu de son immortalité aux deux autres qui procèdent d'elle, et sont appelées à être à jamais animées par elle. Cette source jaillissante étant impérissable dans sa fécondité, ce qui en découle
existe aussi impérissable qu'elle-même. A la mort, ce qui se
dissout et tombe en pourriture, c'est la vie végétale; son
organisme charnel et visible s'écroule dans la corruption,
mais la vie de la sensibilité continue à être vivifiée par ce
qui l'a enfantée, par ce qui la nourrit maintenant et la nour-
rira toujours, sans que jamais elle ait eu besoin de la chair.
Cette essence invisible à l'œil, impalpable au tact, voilà le
corps immortel dont l'âme ne peut et ne pourra jamais se
passer; elle lui sera éternellement nécessaire pour agir. Du
reste, cette essence, douée d'une activité si utile, acquerra
une noblesse aussi digne que celle des deux autres puissances qui composent notre être total. Nous sommes trois
et Dieu aussi est trois, ainsi que l'a dit Jésus. A part cette
question de la nature divine, examinons celle de la nature
humaine, pour remarquer que les docteurs du catholicisme
ont, en partie, raison quand ils soutiennent la croyance à
l'immortalité du corps; en effet, il y a dans les membres du
corps une substance vitale tout à fait impérissable, sans laquelle notre existence présente ou future serait incomplète; si nous en étions privés, comment aurions-nous des
rapports, soit avec nos semblables, soit avec les choses phy-

siques qui composent l'univers? Enfin, cette vie active progresse et progressera jusqu'à égaler ses associées; seulement aujourd'hui ses attaches végétatives la mettent en retard et la font ramper dans la fange, ce qui est pour nous la cause de mille maux. Maintenant l'homme est au-dessous de son âme, sa mère, mais il s'élèvera à la hauteur de celle qui l'a enfanté et l'éclaire chaque jour; il en sera de même de la vie sensitive, qui est appelée à grandir immensément autant que le moi humain, autant que l'intelligence, puisqu'elle en partage les peines et les travaux. Ses peines et ses travaux sont même plus grands que ceux de l'homme; malheureusement elle a plus de vices, qu'elle cherche et parvient à nous inoculer souvent, mais il faut lui tenir compte de la dureté de son existence, si laborieuse et si utile.

Je dis que dans l'animal la sensibilité a une autre origine que celle d'où sort l'homme; la nôtre naît de la volonté et procède de l'âme, tandis que la cause qui produit la vie sensible en l'animal vient de la nature, ou de lois qui lui sont extérieures, tout à fait étrangères. La preuve qu'il en est ainsi s'observe et se démontre par les actes de l'animal, car il n'obéit qu'à ses besoins, parce que la nature ne donne que des besoins et les moyens de les satisfaire. Quant à l'homme, il connaît Dieu et se sent soumis au devoir, parce que l'âme lui en communique le savoir; en outre, la sensibilité, la force humaine connaît aussi le bien moral, puisqu'elle accomplit des actes méritoires. Ses instincts, qu'il n'est pas permis de confondre avec les puissances ou attributs de la raison, attendu qu'ils sont souvent en opposition avec elle, tandis qu'il y a toujours accord entre les désirs de la raison et sa propre intelligence, ses instincts, bien qu'ayant de l'analogie avec ceux de la bête, sont incontestablement plus nobles que ceux de la bête; donc ils proviennent d'une autre mère, et vont à une fin supérieure qui n'est faite que pour le genre humain, et nullement pour une autre race.

En somme, nous existons un par la volonté, un par la personne unique, et trinité par trois natures différentes, se prêtant un appui mutuel et immortel. Cette formule contient en germe les plus fertiles conséquences qui vont peu à peu se dérouler devant nous.

CHAPITRE II

Comment comprendre ce mystérieux secret du système vital des forces, si compliquées et de natures si opposées, qui concourent à former cet effet unique nommé l'homme ? Nous croyons qu'on y parvient en distinguant et en reconnaissant en lui trois vies différentes qui, néanmoins, laissent au moi son unité. Nous disons trois vies dont les aspirations présentent un ensemble vivace, animé de parties coopérant chacune individuellement et luttant entre elles pour vivifier le tout. Ainsi, voyez l'âme humaine, immanente, libre et pure, qui connaît, aime et désire avec plus ou moins d'ardeur ; sa nourriture souveraine, se nourrissant de Dieu, est spirituelle. Considérez en opposition la vie de la chair avec ses instincts, ses convoitises, ses passions et ses douleurs, nous allons montrer tout à l'heure qu'elle possède en partie l'existence visible d'un animal, bien qu'elle contienne intérieurement une vie invisible plus haute, comme appartenant à une race plus noble et participant à celle de l'humanité : sa nature est physique. Puis, entre les deux antagonistes, l'homme ou la volonté subissant l'influence des deux ex-

trêmes, tout en marchant dans sa force libre qui le rend un.
Enfin, au-dessus de ces trois vies qui s'agitent et se débattent dans notre sein, contemplons la vie divine agissant pour
le bien en chacun de nous; sa lumière éclaire notre esprit,
sa voix parle à notre cœur, sa puissance, en travaillant
dans nos membres, y pousse le sang et les autres fluides
que nous sentons circuler dans nos organes. Cet assemblage
actif de choses visibles et invisibles, théâtre vivant du combat où se jouent les drames de notre vie : voilà l'homme,
accompagné de ses assesseurs, aussi nécessaires à lui-même
qu'il est nécessaire à eux-mêmes.

Ou le voit, l'être humain se meut sous l'empire de nombreux sentiments qui ne viennent pas de lui, quoiqu'ils imposent de nombreuses exigences, si bien, qu'avant nous, de
grands esprits ont constaté qu'il y a souvent désaccord et
incompatibilité d'humeur dans la société qui nous lie avec
eux. — « Je sens, dit admirablement saint Paul, je sens
dans les membres de mon corps une autre loi qui combat
contre la loi de mon esprit, et qui me rend captif dans les
membres de mon corps » (Rom., VII, 23). — Ailleurs, il
écrit aux Galates : « La chair a des désirs contraires à ceux
de l'esprit, et l'esprit en a de contraires à ceux de la chair,
ils sont opposés l'un à l'autre; en sorte que vous ne faites
pas ce que vous voudriez. Les œuvres de la chair sont des
vices, etc. » (ch. V, 17). Ce mot désir, si caractéristique,
reparaît un peu plus bas; enfin on le retrouve encore au
IIᵉ chapitre de l'épître aux Ephésiens. Or il n'y a qu'un
individu vivant et connaissant qui soit capable de former
des désirs. Donc en nous divers individus luttent, et le corps
n'est nullement un automate mû par l'âme. Mais ce que
saint Paul n'a pas compris, c'est que mes instincts moraux

sont ceux de l'animal humain qui ne veut pas toujours le mal, et a une aptitude innée pour le bien et le juste qui grandira de plus en plus; déjà aujourd'hui il écoute souvent la voix du devoir et l'accomplit par ses membres, au lieu que l'apôtre semble me le montrer inférieur à mon chien, qui cherche continuellement à me faire du bien; non, il a de bons sentiments, en sorte qu'il s'offre à nous comme un être très intéressant à étudier. Puisque ses actes sont à moi, il faut qu'il partage plus ou moins mes idées. Comment supposer que l'homme serait intimement uni à un individu d'une intelligence propre à se développer, auquel il ne communiquerait ni ses pensées louables, ni ses sentiments généreux? Regardons-le comme un démon plus disposé au mal qu'au bien; soit, tout en sachant qu'il se convertira au bien et deviendra un ange, animé de toutes les vertus angéliques.

Comment nier les clartés et les nécessités animales sous l'influence desquelles nous vivons? N'y a-t-il pas des instincts animaux auxquels nous participons, qui nous guident et nous servent très utilement? Sans eux l'intelligence spirituelle n'éviterait pas une foule de dangers; sans eux le monde extérieur, le soleil et les astres ne seraient rien pour elle. Voilà des faits certains, qui constatent la communauté morale qui existe entre nous et l'animal humain. Si on doute de ces faits, l'homme reste un point noir, et l'application de ses pensées un non-sens.

Les passions dangereuses qui sont à nous, tout en appartenant spécialement à un autre, lequel est pour nous le tentateur, l'ennemi passager du bien, ces passions, il paraît convenable de les classer ainsi qu'il suit: d'abord et pardessus tout l'orgueil et l'envie qui stimulent tous les animaux et excitent principalement les plus intelligents. Or, la bête humaine, unie à notre existence terrestre, en est possédée d'une manière très puissante et plus furieuse que les plus féroces, puisqu'elle est la plus intelligente. Le désir de la domination, l'envie d'écraser les autres de sa supériorité, voilà les passions les plus violentes de l'animal humain, il s'en sent dévoré et nous communique sa rage.

Quant à l'âme, appelée à régner sur l'homme et sur la bête, dès maintenant, elle est pure quoique limitée, mais pure comme forme de vérités immuables qui, par essence, dominent toute bassesse et même tout changement. Elle ne ressent aucun des appétits vicieux qui ravagent si cruellement l'humanité ; les désirs honteux ne conviennent nullement à sa nature supérieure ou incorruptible ; sa noble origine l'invite à monter plus haut. Aussi, ce n'est pas à l'homme que Dieu s'adresse directement, non, il parle à l'âme, seule elle est digne de tels rapports ; du reste, elle nous transmet l'enseignement divin que nous ne comprenons pas toujours. Sa conscience, éclairée par la lumière divine, pense toujours le vrai, l'aime et le suit sans broncher. Du reste, elle se plaît dans le succès du bien, et elle cherche, en s'associant à la volonté divine, à y participer, mais la soif de cette espèce de puissance si délectable, en se désaltérant dans le divin, n'a pas les caractères de la passion. Non, la source putride du vice sort d'ailleurs ; non, l'esprit pur, ayant pour essence la raison pure, n'enfante pas la pourriture. Pourquoi alors l'homme s'y laisse-t-il entraîner ? — Ce ne peut être que par les engagements de son collègue charnel, qui trompe son ignorance par l'appât des plaisirs de tous genres. L'âme, séparée de la bête par l'homme qui est entre elle et la bête, puis d'ailleurs étant douée d'une grande noblesse de nature, se trouve au-dessus des atteintes et des séductions du démon.

Tous ces combats incessants, constamment pénibles et souvent terribles, dont nous sommes tour à tour les héros et les victimes, ne nous autorisent nullement à en tirer la conséquence qu'il existe un souverain mal, puisque le mal est destiné à disparaître dans l'avenir, après avoir servi à nous améliorer dans le présent. Car, sans les épreuves douloureuses auxquelles nous sommes soumis, l'homme resterait insensible au juste et à l'injuste, il n'y puiserait pas les forces qui doivent l'élever à la perfection à laquelle Dieu le destine. Oui, la race humaine nous attire énergiquement au mal par le fait de sa volonté soudée à la matière, qui nous abaisse dans sa pourriture. Cependant, cette soudure d'une part et d'autre notre alliance avec l'âme sont des moyens nécessaires pour nous conduire au bonheur absolu, où la créature montera quand l'entraînement de la matière corrompue sera entièrement vaincu par l'entraînement de l'esprit pur que nous devons aider.

Au fait, le corps humain, dans sa capacité fibreuse et charnue, est pareil à celui d'un mammifère, bien qu'il en diffère dans sa race, dans sa fin et sa substance vitale, qui sont infiniment plus nobles que dans le genre animal dont nos forêts sont peuplées. Car l'homme fait l'éducation du corps, il lui communique des habitudes, des sentiments qui le travaillent comme nous et l'appellent aux plus hautes destinées. Ses instincts connaissent le devoir, puisque souvent sa sensibilité nous y excite : par exemple, le courage du soldat ne peut lui venir de l'âme, qui n'a aucune expérience, ni des choses pratiques de la vie, ni de la manière

de repousser un adversaire. Si les souffrances du prochain
émeuvent fortement notre pitié, n'est-ce pas parce que nous
avons souffert nous-mêmes dans notre chair? Ainsi, il y a
un grand nombre de vertus qui prennent leur source dans
la vie qui applique la pensée, dans la sensibilité physique
qui, si elle fait fréquemment le mal, aime toujours mieux
le bien.

Et pourtant du démon charnel nous tenons toutes nos erreurs et de l'âme toutes nos vérités ; le premier nous abaisse
vers la matière inerte dont il est partiellement formé, la
seconde nous exalte vers le ciel. En effet, ces erreurs qui
nous perdent auraient-elles pour auteur Dieu d'où procèdent, par voie de création, toutes les idées de notre âme,
sans lesquelles nous ne pouvons penser? — Non, elles sont
nécessairement vraies en naissant, et rien ne peut les altérer, puisqu'elles dominent tout notre être, qu'elles nous
imposent leurs lois et nous commandent, au nom de la conscience, toujours infaillible, même quand, par la faute de
nos passions, nous ne saisissons pas le sens de la parole
intérieure. Ainsi, notre intelligence, fille de Dieu, se garde
chaste et infaillible ; mais comme notre individu humain ne
juge pas seulement par lui, comme sa volonté juge aussi
en usant de l'instinct et des sens, ce mélange nous égare.
O homme ! tu te trompes sans le vouloir, tu erres péniblement dans la nuit de tes pensées ; cependant, ne t'y mé-
prends pas, ce n'est nullement ton intelligence, si supérieure à toi, ce n'est pas non plus la parole sacrée de la
conscience qui sont capables de te tromper ! Aristote, trai-
tant le même sujet, se montre sublime quand il parle des
perfections de l'intelligence, souveraine en nature, trop
sage pour jamais divaguer, d'une essence qui touche au

divin. Certes, Platon transporte d'admiration tous les esprits dignes de le comprendre, cependant, en ce point, son grand disciple, qui s'est bien gardé de le suivre, l'a surpassé. Ainsi, quand Platon a dit que l'âme résume tout l'homme, il s'est énormément trompé ; non, l'homme est triple et un par sa volonté, seule responsable dans tout son être.

Aucune objection sérieuse ne saurait ébranler le principe qui proclame que l'animal raisonnable est l'auteur du faux. Cependant, dira-t-on, ce faux, que devient-il ? — Il tombe dans la mémoire animale, à laquelle nous participons, et nourrit l'imagination humaine de ses chimères, mais ne gâte en rien la pureté de l'intelligence. Si bien que le contraire du vrai trouve sa place ailleurs que dans la compréhension et les facultés qui l'assistent. De son côté, l'homme ne juge, dans toute opération intellectuelle, qu'en se servant autant des sens et de l'imagination animale que de la raison, de là ses innombrables erreurs. Néanmoins elles ont leur utilité incontestable et servent puissamment à l'enseignement humain, car ne faut-il pas que la possession de la vérité soit le prix de l'effort et d'un long travail ? Autrement, nous n'en serions pas les réels propriétaires ; supprimez ma faculté d'errer, je perds la faculté de mériter, de progresser, de déployer mes forces libres pour aller à la conquête du vrai, qui, loin de venir tout seul, doit être poursuivi avec courage jusqu'au but à atteindre.

Dans l'impossible supposition où rien de parfait ne nous serait transmis, alors l'âme, aussi vile que l'homme, serait un amas d'erreurs ; ainsi changeante et corruptible, elle serait mortelle ; seule, la vérité, soit créée, soit incréée, ne change pas, ne se corrompt pas, voilà pourquoi elle possède le privilège de l'immortalité. Alors, dans la supposition que

nous repoussons, comme la vérité divine ou humaine voit
seule la vérité, sa clarté nous resterait imperceptible aussi
bien qu'aux animaux ; nous resterions donc pour toujours
dans les ténèbres où nous sommes plongés, puisque partout
en nous il n'y aurait qu'un mélange altéré, altération impossible, car la vérité est sans mélange et ne s'en dégage
jamais. Non, jamais son intelligence ne s'altère, jamais elle
ne passe de l'imparfait au parfait ; d'ailleurs rien n'y passe,
pas même l'homme, si ce n'est par participation et non par
nature. La vérité, essentiellement sans mélange, ne se dégage jamais d'un alliage d'une impossibilité absolue. Son
immuabilité repousse le changement des idées qui progressent sans se démentir, et leur éclat nous communique sa
lumière que nulle autre chose ne saurait nous transmettre.
Nous en acquérons chaque jour de nouvelles, mais les anciennes n'étaient pas fausses, seulement l'homme, en lisant
mal dans son âme, les confondait avec les erreurs des sens.
Je dis et je prouve qu'aucune souillure n'atteint jamais
l'âme, parce que cette puissance spirituelle a pour principe, pour essence incorruptible des idées immuables qui se
comprennent elles-mêmes ; ainsi, ces compréhensions, en
voyant le vrai en soi, ne peuvent ni changer, ni s'altérer
aucunement ; toutefois, elles sont susceptibles d'étendre de
plus en plus la portée de leurs vues et de leurs pensées.
Par exemple, je comprends avec une certitude absolue que
Dieu est une nature immense sans commencement ni fin,
une cause infinie d'une perfection absolue, gouvernant
toutes choses, une justice qui nous inspire sa justice : comment de telles idées, qui sont des vérités, changeraient-
elles jamais, ou nous tromperaient-elles jamais ? L'homme,
qui est autre chose, arrive parfois à nier ces vérités ; elles

n'en existent pas moins parfaites dans son esprit, éclairant les jugements infaillibles de l'âme que la volonté ne comprend pas toujours. Car qui oserait se flatter de pénétrer toutes les clartés de la science que possède son âme? La chair est un voile sombre qui nous en cache en partie la lumière; l'homme ne la perçoit que confusément, à travers l'épaisseur de ce rideau que la main de Dieu peut seule nous aider à écarter.

Il est extrêmement intéressant, et même tout à fait essentiel de remarquer que chacune de nos facultés principales possède une manière de connaître qui lui est propre et spécialement particulière; c'est ainsi que l'intelligence de l'esprit pénètre les causes des choses ou au moins aspire à y remonter, tandis que l'intelligence de la sensation connaît l'instinct qui la guide. Quant à l'intelligence dont est douée la volonté ou la personne, elle se caractérise en ce qu'elle connaît par elle-même sa responsabilité et sa liberté, ce qui établit et distingue la différence de son individualité; car les deux autres se signalent par des qualités dissemblables et leurs connaissances spéciales. Par exemple, la raison voit ce qui est en elle, ainsi l'idée de cause, celle de perfection, celle de devoir; la volonté, de son côté, voit ce qui la fait être ce qu'elle est, c'est-à-dire garante de ses actes et, en outre, des œuvres produites par la vie active. Et notons bien que la connaissance innée de cette garantie n'existe ni dans la première ni dans la troisième faculté. Chaque attribut de causalité a donc sa lumière à soi, son savoir inné particulier qui anime son individualité, et ne permet pas de confondre l'intelligence, qui lui appartient exclusivement, avec les connaissances propres à chacun des associés. Enfin, on peut s'assurer que ces doctrines reposent sur des faits in-

contestables, sur des observations vérifiables et certaines,
qui constatent qu'il y a en nous la vie d'une personne, unie
à deux associés, dont le concours est nécessaire aux fonctions de cette personne. Cela est évident, et nous ne sommes
pas le jouet de théories imaginaires.

CHAPITRE III

DU PLAN DIVIN

Le plan sur lequel le Créateur a réglé les destinées humaines, se dessine nettement et s'explique dans son but à la lumière des études que nous venons de faire sur l'homme. Par cette science, qui nous découvre les mystères de l'être, nous concevons comment l'âme parfaite et progressive nous élève à la perfection, aidée qu'elle est par les luttes et les épreuves de tous genres, sans cesse soulevées au moyen de la puissance animale, qui nous est unie, pour nous pousser en avant sous les coups pressants de son fouet terrible.

Voyez la race humaine travaillant sans relâche, afin de satisfaire aux besoins impérieux des trois espèces de puissances qui l'animent, les besoins de chacune étant nécessaires aux trois; voyez cette race ardente marchant à la conquête du bien-être et des choses indispensables au soutien de cette triple existence? Voyez dans cette foule chacun de nous cherchant à travailler, à solliciter l'appui et la protection de ses semblables, non seulement en vue de gagner son pain, de soigner et de couvrir son corps mortel, mais aussi pour développer son intelligence et dans l'espoir d'élever son esprit et son cœur? En contemplant cette vie mêlée de tant de douleurs, cette poursuite si pénible et si avide qui dévore le genre humain, ne gémissons pas trop sur nos misères, sur nos déceptions si fréquentes et sur nos cruelles épreuves, puisqu'elles sont indispensables et éminemment propres à nous hausser au-dessus de l'humanité présente, en apprenant à vaincre le monde pour être libres et dignes de le dominer.

Elle est donc certainement très belle, très admirable cette économie qui ordonne la marche de nos destinées, et on conçoit comment la présence de la douleur sur la terre se justifie avec éclat devant la raison. Car, soit que l'homme s'égare en écoutant les passions de la bête, soit qu'il triomphe des entraînements où ses appétits le convient, ces diverses épreuves, accompagnées de chutes nombreuses, sont toujours des enseignements impossibles sans la douleur, enseignements dont profitent nos progrès du présent ou ceux de l'avenir. Ceux qui reculent dans le mal avanceront mieux un jour; ainsi la tentation a un but bienfaisant et, quels que soient les détours de l'homme, il atteint infailliblement sa fin. En vain se jette-t-il tête baissée dans la ruine, Dieu l'en tirera tôt ou tard en l'entraînant vers les joies souveraines du succès continu; en vain résiste-t-il pendant de longues années, un temps viendra où il se laissera persuader, et alors il volera de toutes ses ailes vers le bonheur où Dieu s'efforce de l'attirer par d'irrésistibles appâts.

L'indépendance du corps paraît être la délivrance de l'âme : examinons donc ce qui arriverait si l'homme était, pour un temps indéterminé, affranchi de ses habitudes antérieures, ce dernier point est essentiel, en résumé, s'il cessait d'être sollicité par les influences présentes et passées de la bête? Sans doute, un tel état ne peut se réaliser sur cette

terre, cependant on conçoit qu'un jour l'homme soit appelé
à d'autres conditions, et qu'étant pourvu de toutes ses facultés, il devra, en les gardant, vivre séparé de la portion
fébrile et charnue qui prend sa nourriture des produits de
la terre; mais, en restant possesseur de la vie sensible et
active, séparable du visible et lui servant de corps; vie qui
se nourrit des effluves spirituelles de l'intelligence, comme
nous l'avons déjà expliqué; sinon ce ne serait plus vivre.
Eh bien, alors, dans cet état, je dis qu'à la lumière des
idées divines, la Vérité, n'étant plus obscurcie, jouirait de
son amour du divin, elle s'attacherait aux biens extérieurs
et tangibles en vue des supérieurs qui disposent des inférieurs. En effet, l'âme étant affranchie de l'opposition du
diable, par cette indépendance tout notre être marcherait dans
la droiture, la raison régnerait seule dans notre existence.
Forte de son union avec Dieu, la volonté humaine possède la
puissance souveraine en y participant, cela suffit à toutes
ses joies. Ce résultat est infaillible; j'affirme qu'on n'est
pas en droit de le nier, si on admet le cas donné, si on ne
doute pas de l'immortalité, puisque, dans ces conditions,
l'homme, n'étant plus trompé, pourquoi se tromperait-il?
Non, Dieu seul serait écouté, et, par notre concours, en
exécutant ce qu'il veut, tout son appui nous serait assuré.

En conséquence, il semblerait que la mort nous affranchît
de toute erreur et de tout mal; prenons garde, ce serait oublier que, si nous sommes possesseurs d'une intelligence
incorruptible et infaillible, nos sens ont recueilli une foule
d'opinions fausses, d'habitudes honteuses, qui sont ancrées
dans notre imagination, laquelle nous suit au delà de la
tombe. La lutte pour la Vérité se continuera donc, et il faudra d'énergiques efforts pour arracher des sentiments et des

désirs si enracinés dans nos cœurs. Je connais quantité
d'hommes qui, en perdant leur chair, regretteront de nombreuses jouissances, tant les mauvaises habitudes sont te-
naces! La mort n'éteint donc pas le feu de nos passions et
n'est pas la fin de nos douleurs. Elle viendra, cette fin, quand
la volonté sera victorieuse par la Vérité, ce qui sera la victoire du bonheur. Mais il nous faut soutenir une longue
guerre et recevoir bien des blessures avant ce triomphe définitif.

Telle paraît être l'esquisse du plan divin, d'après lequel
nous sommes commandés et gouvernés, plan sublime, dont
l'arrangement fait admirer et bénir le Créateur; en effet, il
rend un compte très satisfaisant des faits ordinaires et extraordinaires qui se passent ici-bas. Car, enfin, des vues sérieuses et de vastes projets ont présidé à l'œuvre de la création du monde et des âmes intelligentes; nier l'existence
de tout plan, de toute pensée d'avenir de la part de celui
qui nous a mis sur cette terre, cela est insensé. Sans doute,
pour arriver à ce but étonnant, on préférerait marcher sur
des roses sans épines, et on se plaint amèrement de la dure
condition que le ciel nous impose. Cependant, si l'épreuve
était moins douloureuse, il ne naîtrait pas en nous une
haine du mal assez profonde; or il n'y a que cette haine
violente qui soit capable de produire en nous cet immense
amour du bien qui surpasse tout. La souffrance est la grande
institutrice des mœurs; qu'elle disparaisse d'ici-bas, le progrès moral, manquant de son véhicule, s'arrêterait dans la
boue; il faut absolument que la volonté, suffisamment sti-
mulée par la douleur, s'élance avec énergie pour nous tirer
de cette boue.

Fort bien, nous opposera-t-on; mais s'il n'y a pas de vie future, toutes vos théories tombent dans le néant. — Je prouve d'une manière invincible qu'il y a une vie future en m'appuyant sur le raisonnement suivant : l'être humain a connu avant d'aimer, car il faut juger qu'une chose est bonne pour s'y attacher; il l'a, de plus, voulu avant d'agir, car on n'accomplit un acte qu'après l'avoir voulu. Donc, avant les mouvements libres du corps, avant notre union avec lui, nous avons pensé, nous avons aimé, nous avons voulu; en résumé, nous avons vécu sans lui et en dehors de lui. Cet argument est irréfutable. Eh bien, si nous avons vécu sans lui, avant d'avoir eu rien de commun avec cet organe physique, quand il vient à se briser, quand il meurt, nous devons exister sans lui; penser, aimer, vouloir, comme nous l'avons fait antérieurement à notre union avec cette machine détruite, qui a été animée par nous durant cette vie. Car rien pendant le cours de notre existence ici-bas, ni après, rien ne peut ni changer, ni altérer notre essence, qui domine le périssable et brave toute corruption. Alors, pourquoi donc l'âme pouvant penser, aimer, vouloir et enfin agir au moyen de la faculté active, pourquoi Dieu l'a-t-il jointe à un instrument matériel? — Uniquement pour lui faire subir les épreuves nécessaires à son instruction et à l'élévation de sa moralité. Il n'y a pas d'autre motif, et il répond à tout; il explique le plan providentiel.

Des esprits audacieux, s'emparant d'une idée vraie à un point de vue, et fausse à un autre, ont osé prétendre qu'il eût été facile à Dieu de créer, par un acte de sa toute-puissance, des êtres immédiatement parfaits, incorruptibles et infaillibles. — Cette supposition, bien examinée, ne paraît pas tout à fait absurde, puisque nos âmes, formées à part le corps, sont destinées à demeurer constamment, et à per-

pétuité, parfaites, incorruptibles et infaillibles. Non, jamais
rien ne manque aux esprits, assistés de leurs facultés, pour
penser, vouloir et agir; mais, à leur naissance, il leur
manque la science, la vertu et la félicité. Eh bien, elles res-
teraient éternellement dans l'enfance et dans l'ignorance
des choses les plus utiles, les plus essentielles, si elles ne
s'unissaient à un corps contre lequel chacune engage une
lutte qui est un enseignement. J'ai une fin à atteindre, et
cette fin m'est trop personnelle pour être gagnée sans ma
participation, sans mes efforts individuels. Chaque moi humain, avec le temps, acquiert la science du bien et du mal,
tellement que son bonheur se trouve être à la fois l'œuvre
de la créature autant que celle du Créateur.

Comment ne s'est-on pas aperçu que tout être, pour conquérir le vrai et avoir droit au mérite, doit souffrir et vaincre? Or, dans ce combat gigantesque, il a besoin de Dieu,
de l'âme et du démon, les trois sont nécessaires. Il est remarquable que les grands esprits du passé ont toujours cru
que la matière ou une puissance quelconque s'opposait à
l'homme, et ils ont bien fait de le croire; la résistance étant
aussi indispensable que l'impulsion pour que nous puissions
nous porter en avant vers les biens infinis. Dieu nous demande seulement de les mériter, afin qu'il puisse nous en
doter généreusement, au point de partager sa puissance
souveraine avec nous. Encore une fois, voilà le meilleur
plan, organisé pour le plus grand bien de tous; et nous
concourons effectivement à son accomplissement en travaillant conjointement avec son auteur, qui veut le réaliser en
chacun de nous.

Au milieu des orages qui ballottent le cours de notre
carrière, comme un frêle esquif perdu sur le sombre océan

de l'inconnu, il nous deviendrait impossible de nous retrou-
ver au sein de cette nuit noire, mais Dieu nous a donné un
guide sûr, un phare lumineux pour nous montrer le port
de salut. Sa clarté brillante, éclairant toutes les âmes, complète la beauté du plan sublime dont nous venons d'esquis-
ser rapidement les principaux traits. Cette parole intérieure,
qui suit et poursuit l'homme partout, ne le trompe jamais,
c'est lui qui la comprend mal. Du reste, on se rend compte
de ce qui se passe dans les profondeurs de l'âme, en conce-
vant que l'intelligence, dont la droiture ne varie pas, engendre la faculté de juger et éclaire cette faculté de manière à la rendre capable de décider infailliblement du juste
et de l'injuste, du vrai et du faux. Tout jugement rendu
par elle est sûr, tellement que tout homme qui le comprend
et le partage se trouve être dans le vrai. Cas rare, sans
doute; toutefois, même quand l'homme se trompe, il n'en
doit pas moins encore suivre ce qu'il croit être la décision
de la conscience, dont il entend d'autant mieux la voix
qu'il fait taire ses passions. Son plus grand devoir consiste
donc à chercher à saisir le sens et la véritable portée de
cette voix sacrée; telle est la loi obligatoire devant laquelle
tout être humain doit se courber. D'ailleurs, si cette recherche était trop facile, s'il entendait l'oracle sans s'égarer jamais, la Vérité serait moins précieuse et perdrait de sa
haute valeur; il n'y aurait ni gloire à la défendre, ni mérite à y arriver.

En reprenant ce qui vient d'être exprimé et solidement
établi par nos précédentes démonstrations, elles m'autorisent à poser cet axiome : la raison et la conscience sont en
nous infaillibles, le tout consiste à bien, ou à mieux en
mieux nous en servir, sans négliger de recourir à Dieu et

aux lumières des plus sages. Et voilà la vraie voie du progrès.

D'après nos recherches pour pénétrer dans la connaissance de la nature humaine, il paraît donc qu'il y aurait en nous trois facultés capitales, dont l'une d'elles constituerait la personne, pendant que les deux autres seraient impersonnelles. Leur impersonnalité résulte de ce que la troisième ne fait qu'obéir aux ordres de la volonté; et la première de ce qu'elle nous conseille toujours bien; ce n'est pas sa faute si notre volonté méconnaît souvent ses enseignements. Du reste, quand même on prétendrait que la raison et la conscience sont sujettes à l'erreur, leur bonne foi et leur sincérité les rendent irresponsables et incapables de commettre le mal. De même, la puissance active ne saurait avoir tort, voilà pourquoi, quand il y a vice, c'est toujours la volonté qu'on accuse. Eh bien, cette irresponsabilité produit l'impersonnalité de ces deux facultés. Qui, en l'homme, répond de tout? C'est sa volonté ou sa personne; cependant, cela n'enlève rien au mérite des deux associées de la personne, chacune ayant sa tâche et ses devoirs à remplir dans leur vie en commun.

CHAPITRE IV

DE LA CAUSE IMPULSIVE DES MOUVEMENTS RAISONNABLES
DE L'HOMME

L'âme spirituelle, immobile par nature, insensible et supérieure à toute influence matérielle, exerce néanmoins une
action tangible sur le corps, au moyen de la volonté et de
la sensibilité émanant d'elle. En effet, toutes nos facultés se
tiennent et se relient à la première, c'est-à-dire à l'intelligence d'où elles dérivent, tout en possédant chacune une
indépendance propre. Cette intelligence vient directement
de Dieu, qui a mis en elle la propriété d'engendrer la volonté et la sensibilité douée de la force motrice, de même
que de la racine sort la plante. La faculté forte et active ne
peut provenir de la matière; cette dernière, inerte par elle-
même, ne change de place que si elle est mue; elle se trouve
n'avoir aucune connaissance, tandis que la sensibilité connaît le plaisir et éprouve la douleur; en outre, elle possède
un instinct qui, en la guidant dans tous ses actes, la rend
responsable, ce qui la met au rang des individualités libres,
capables de mériter. Évidemment, ce qui vivifie le corps
n'est nullement la partie charnue et tangible, si différente
de la sensibilité elle-même, qui, tout en se dérobant à notre

vue, agit dans tous nos membres. Les fibres, la charpente
dure et solide des os, les fluides qui circulent, tout cela, au
lieu d'être la cause de l'animation, reçoit seulement l'animation de la faculté motrice, dont les molécules se dilatent
ou se contractent, se portent en avant ou reculent en arrière, de manière à produire, d'accord avec la volonté, les
mouvements nécessaires commandés par cette volonté. Mais
la nature sensible de l'homme se mouvant dans l'espace,
occupant un lieu, tirant ou poussant, n'en est pas moins
très élevée, comme participant à la raison, et exécutant les
ordres de la volonté, qui est la source de sa force ; puisant
sa vie dans des substances immortelles, dont elle est inséparable, elle est impérissable comme elles. Au surplus, son
droit au mérite, ainsi qu'à la récompense, résulte de sa
noble origine et de ses grands services, qui sont égaux à
ceux que rendent les facultés dont elle procède. Les bonnes
œuvres valent la science et l'amour.

Nous disons donc que tout esprit, toute intelligence appartenant, soit à Dieu, soit à l'homme, ne peut agir, sur
tout ce qui est matériel, que par une faculté sensible, douée
de force et participant à la raison. Ainsi, il n'existe aucune
âme, soit divine, soit humaine, qui ne se trouve en possession de la faculté ou du moyen invisible, mais réel, d'employer des forces motrices. L'animal lui-même est dans le
même cas, et on doit reconnaître qu'il emploie des moyens
pareils, sinon qu'il n'est pas possesseur de la cause, de l'intelligence d'où émane sa vie active, tellement qu'il ne peut
être ni libre, ni méritant, ni immortel.

Tout lui manque pour atteindre aussi haut ; il connaît le
besoin, l'instinct, jamais le devoir. Par exemple, la sensibilité de l'animal et son instinct ne sauraient provenir de la

raison qu'il n'a pas, ils ont leur origine dans le corps, lequel, du reste, a Dieu pour auteur et pour moteur, ainsi que la nature entière. Aussi, tout dans la bête est soumis au corps, puisque toutes les tendances animales ont leur origine dans ce corps, dont la matière pesante va au mal; tandis qu'en l'homme tout est commandé par l'âme, qui rencontre, il est vrai, l'opposition et les tendances charnelles, mais est armée pour les soumettre et nous en faire triompher. Ce sont deux organisations qui se ressemblent en certains points, et toutefois présentent de grandes différences; sous le rapport de la sensibilité, on est obligé de convenir qu'elles sont presque semblables, mais, au fond, c'est toute autre chose, puisque celle de l'animal procède du corps, et celle de l'homme dérive de l'intelligence. Nous en avons la preuve certaine, en observant comment nos instincts, nos sentiments, nos actes dépendent de la raison et doivent se régler sur elle en marchant docilement sous ses lois. Dans la bête, rien de pareil. Voilà par quel moyen lumineux l'action de l'âme sur le corps s'explique clairement, bien que cette action soit locale et physique.

Supposez l'âme dépourvue de cette sensibilité agissant dans l'espace occupé par l'organisme charnu; alors il deviendrait impossible à l'âme immatérielle d'avoir le moindre rapport avec les formes physiques des objets qui l'entourent; elle se trouverait si isolée, si étrangère au monde, si séparée des corps ambiants, qu'elle les ignorerait absolument, et ils seraient pour elle comme n'existant pas du tout. Généralement on accorde à Dieu la faculté d'engendrer des forces qui sortent de lui, en refusant hautement de reconnaître que l'homme soit pourvu de ce pouvoir. — Ici distinguons: l'homme, sans doute, n'a pas la puissance de créer de soi, qui n'appartient qu'à Dieu, il ne fait que transformer; cependant la preuve positive que notre être, en métamorphosant une partie de lui-même, acquiert une aptitude impulsive émanant de lui, c'est qu'il exerce réellement une action incessante sur les corps, ce qu'il ne peut opérer qu'en étant la source d'où surgit quelque chose de physique. Du reste, avec l'intervention de Dieu, car tous les changements, toutes les transformations qui se produisent sans cesse dans l'univers n'ont lieu qu'à l'aide des forces universelles. Cette force physique, émanant des énergies partout présentes qui régissent le monde, en coopérant avec la volonté, va activer nos sens et communiquer le mouvement aux organes. Or, Dieu est non seulement le créateur de notre âme, mais le nourricier qui alimente sans cesse notre intelligence, de manière à ce qu'elle engendre une vie qui gouverne raisonnablement notre petit monde, comme lui gouverne son grand monde. Si bien qu'avec les dons reçus, comme le grain mis en terre, nous produisons autre chose; par cette production nous ressemblons à une foule de créatures inférieures qui fécondent la semence déposée, et d'un changement passent à un autre. Comme les animaux, mais dans un ordre plus élevé, nous développons les éléments reçus, et d'eux il en sort de nouveaux qui sont très différents; c'est ainsi que d'un cep de vigne il pousse des feuilles et des raisins si différents du sarment. L'expérience est donc pour nous, et les très nombreux engendrements d'une foule de choses vivaces sont pour nous des témoins vivants. Cristaux en formation, plantes en végétant, animaux en se développant, tout vient nous donner raison.

Le voilà donc percé à jour ce grand mystère qu'on disait impénétrable; on y voit clair, on se l'explique nettement

dès l'instant où on reconnaît que l'homme enfante sa vie
sensible, dont les transports locomoteurs viennent compri-
mer le sang des artères, soit pour les dilater, soit pour les
rétrécir, ce qui contraint les nerfs à produire les mouvements commandés. Nous créons des impulsions comme tous
les individus qui marchent, qui rampent, qui volent ou qui
nagent, en enfantant la foule des phénomènes nécessaires
à la locomotion de leurs corps. Par exemple, observez un
animal quelconque, je dis que lui aussi produit de la force :
supposons-le au repos, tout à coup il s'élance en prenant
son vol ou sa course. Cependant, pour agir ainsi, ne faut-il
pas que ses facultés vitales engendrent instinctivement des
forces? Eh bien, ce qui a été donné à l'instinct de la bête,
pourquoi le refuseriez-vous à l'âme raisonnable?

Elle aussi pareillement engendre sa volonté, d'où naît la
force de sa sensibilité, qui produit des mouvements et des
actes dont nous sommes moralement responsables, différence profonde entre nous et la bête. En outre, le corps a
reçu le principe de la vie humaine de son moteur, qui est
la sensibilité; je dis que cette sensibilité existait sans lui et
à part, car il a fallu que la sensation connaisse la pensée
et la volonté pour leur obéir, pour se décider à faire agir
les bras ou les jambes selon la pensée. Mais, dans l'animal,
l'organisme n'est pas dominé, il domine et exige en for-
çant l'appétit bestial. Du reste, pour que les sens se sou-
mettent effectivement en l'homme, il faut que la sensibilité
procède de principes spirituels, qui concourent et commandent la production des actes. A chaque instant, les membres
ne reçoivent leur impulsion que d'une force qui sait ce
qu'elle fait et se sent soumise à la raison. Souvent mes instincts luttent contre les tendances et même contre les né-

cessités de la chair; dans l'animal, rien de pareil, ces sensations cèdent toujours à la chair, alors que nous cédons à la conscience ou que nous lui résistons. La sensibilité bestiale est donc mortelle comme sa cause, qui est le corps corruptible; quant à notre force active, elle se meut, libre et immortelle, comme notre âme, sa cause incorruptible, comme le jet intarissable de la source à jamais vivifiante de notre vie sans fin.

Négligez la sensibilité, comme les platoniciens anciens et modernes nous en donnent le mauvais exemple, excluez-la de la constitution de l'être immortel humain, méconnaissez son vrai rôle dans ce qui constitue la créature raisonnable, votre ignorance de l'homme, de sa nature et de ses destinées vous laissera dans une nuit noire, où vous errerez péniblement en vain.

CHAPITRE V

Si on rejette avec dédain la doctrine par laquelle on professe que l'homme est formé de natures multiples et diverses qui, par leur société intime et vivante, se prêtent un appui mutuel, on tombe fatalement dans l'erreur ; si bien qu'alors chacun de nous reste incompréhensible à lui-même. Ainsi, quand l'absurde soutient que le corps de l'homme se meut tout seul, ou comme celui des animaux qui sont dépourvus de toute substance motrice spirituelle, cet absurde se perd dans des ténèbres sans nom ; le savant professeur de l'Université ne s'égare guère moins lorsqu'il prétend, d'un ton doctoral, que l'âme seule, uniquement par soi-même, anime le corps ; par cette assertion, souvent tranchante, il livre facilement la place aux matérialistes. En effet, écoutez ces derniers : le travail cérébral, disent-ils, développe la circulation, la chaleur cérébrale, et souvent occasionne le mal de tête ; donc ce travail est accompli par le cerveau et non par l'âme. Ce n'est pas elle qui pense, qui raisonne, elle n'est rien, ou enfin, sans le corps mortel, elle ne peut rien ; bref, son existence n'est qu'une fausse hypothèse. — Prêtez à la réplique une oreille attentive : la vie sensible est le moteur qui travaille les organes tactiles, elle seule a

la faculté de fournir des images, par les clartés de son instinct, elle coopère au labeur intellectuel; d'où il résulte que,
l'exercice de la raison s'appliquant fortement à une opération intellectuelle, les organes physiques doivent être aussi
fatigués que l'esprit. Je me dispose, par exemple, à résoudre un problème de géométrie : il faut d'abord que les
sens me procurent l'idée de l'étendue et la représentation
des lignes, des figures au moyen desquelles je me livrerai
aux études théoriques nécessaires à la solution cherchée.
Cette représentation des lignes est plus que l'image d'un
miroir, elle est connue par les sens qui la perçoivent; dé-
sirée en premier lieu par l'âme, celle-ci demande à la volonté et à la sensibilité de la désirer et de la trouver. Cette
sensation, obtenue par les sens, est d'abord jugée par eux,
puis ensuite par la raison, qui n'est capable de percevoir
les impressions physiques que par l'entremise de la sensation. L'instinct, qu'il n'est pas permis de confondre, soit
avec la raison, soit avec la volonté, puisqu'il se sert du toucher, l'instinct éclaire l'homme; sans ses lumières, il serait
impossible à l'esprit de comparer, de juger et d'étudier. Mes
organes travaillent donc, ou plutôt, pour parler correctement, sont travaillés, si on entend parler de ceux qui se perçoivent à l'œil ou au tact; sont travaillés en même temps
que ma pensée, autant impressionnée qu'elle impressionne.
Ils la suivent, mais pour la suivre ils entraînent l'activité
du sang, ce qui amène les combinaisons du phosphore.
L'opération chimique accompagne donc l'opération intellectuelle. Pourquoi craindre d'en convenir? on ne parvient
pas à comprendre la nature humaine sans l'accompagement
des combinaisons chimiques; sans cela les ténèbres.
Cependant, attention, remarquons bien qu'il y a deux es-

pèces d'organes, les organes tangibles et les organes qui échappent au tact : ces derniers font partie essentielle de l'homme et coopèrent à ses œuvres. Voilà pourquoi, quand nos adversaires prétendent que le cerveau est fatigué par le travail intellectuel, je conteste le fait, on l'explique mal. Sans doute, les sensations du cerveau sont fatiguées parce qu'elles travaillent, mais je nie formellement que la substance molle du cerveau le soit ; inerte par elle-même, cette matière se trouve seulement mue, et, trop longtemps mue, elle s'use, se détériore sans souffrir, comme tous les instruments. Ainsi, la cervelle n'est pour rien dans les résultats obtenus par la pensée que la sensation soutient sans cesse ; elles seules font des efforts, efforts plutôt entravés qu'aidés par les viscères contenus dans la tête. Le corps visible n'est jamais qu'un obstacle qu'il faut surmonter, il a été créé pour nous susciter des épreuves utiles ; c'est un démon, on a toujours tort en le considérant comme un aide. Lutter contre lui, voilà l'œuvre méritoire qui nous fait progresser.

Ainsi, débarrassé du corps charnel, alors je n'aurai plus à soulever mes membres, ni à faire accomplir à des organes tangibles les mouvements auxquels ils participent comme étant liés aux agitations de la sensation. D'autre part, on se demande si, dans la vie future, si l'élaboration de la pensée exigera le concours d'un labeur physique ? L'affirmative paraît certaine ; en effet, la vie sensible est destinée à se perpétuer indéfiniment, autrement l'homme serait mutilé ; en conséquence, le travail de cette faculté sera perpétuellement nécessaire, sans être une gêne pour les actes qui exécutent leurs fonctions conformément à leur destination naturelle. Il n'en saurait être de même de la douleur physique, dans l'ordre des destinées elle aura un terme pour chaque homme quand la perfection sera atteinte; néanmoins elle subsistera jusqu'à ce terme. Car la vie sensible a ses souffrances et ses jouissances distinctes de la vie charnelle ou plutôt charnue, cette dernière n'éprouvant réellement, à proprement dire, ni souffrance ni jouissance. Mais éclaircissons par quelques développements cette pensée nouvelle, qui pourrait paraître paradoxale.

Personne ne voit, soit à l'œil nu, soit à la loupe, ni le calorique, ni l'électricité, cependant il y a une science de ces choses-là; de même, me fondant sur la science de mes fonctions actives s'accomplissant invisiblement dans un lieu, je professe que je jouis et que je souffre uniquement dans et par ma vie sensible, laquelle, émanant de l'intelligence et de la volonté, fait partie intégrante de mon humanité. Quant aux souffrances de mon corps, je ne les éprouve pas; si elles existent réellement dans ses membres, c'est en dehors de moi et je ne les ressens réellement pas. Cependant, comme elles influencent ma vie sensible, je les ressens indirectement, ainsi qu'on sent la chaleur qui nous vient d'une matière étrangère. Le corps qui, semblable aux plantes, croît et décroît, qui digère bien ou mal, se comporte de cette façon à part de mon moi; extérieurement à mon être, néanmoins, comme il agit sur mes sensations qui sont unies à lui, son organisme, souffrant à la manière des plantes et non à la manière, soit des êtres raisonnables, soit même des animaux, son organisme, en se désorganisant, fait souffrir mes sens, or c'est seulement cette seconde souffrance que j'éprouve. Encore une fois, un corps privé de la sensibilité est incapable de ressentir la douleur; la sensibilité en demeure donc seule capable, à part la chair visible.

Une telle distinction ne saurait être superflue, par elle nous comprenons comment l'état du corps se sépare nettement de l'état de l'âme, et notamment de l'état de la faculté qui connaît en sentant ; si bien que cette séparation, dans le présent, nous montre que la constitution actuelle de notre être restera la même après la séparation plus complète arrivant à la mort ; elle nous montre, en outre, comment nous avons pu et dû exister, c'est-à-dire penser, vouloir et sentir avant l'union avec l'organisme périssable, puisqu'il ne saurait intervenir pour rien dans la formation de notre âme et de nos puissances engendrées par elle.

S'étonnera-t-on de nous voir écrire qu'après la mort du corps il y aura encore des souffrances physiques ? Mais il serait bien plus étonnant qu'un être, doué de sensations physiques, soit exempt de toute peine corporelle, quand il commet des erreurs et des actes corporels très condamnables. Le catholicisme a toujours cru à des peines physiques dans la vie à venir, et il a parfaitement raison d'y croire. Sans doute, toutes les douleurs de l'estomac auront, dans notre opinion, disparu, puisque, selon nous, il n'y aura plus de corps charnel ; néanmoins, la sensation étant un corps d'une espèce différente, tant qu'il sera mal dirigé par l'homme, il restera soumis à la souffrance résultant de ses actions vicieuses, comme tout individu vivant qui se trompe. Car le faux se heurte toujours douloureusement au mal moral et physique, cela doit être nécessairement et cela arrive inévitablement.

En vain soutiendrait-on encore que les trois natures que nous remarquons en l'homme n'y existent pas réellement ; alors effacez donc les signes caractéristiques, si dissemblables, qui les distinguent chacune si nettement ? Par exemple, on ne

serait nullement fondé à confondre la volonté avec un désir
prolongé ou fortifié; non, l'enfantement qui lui donne naissance est une transformation complète, cela rappelle la métamorphose qui de la chenille fait un papillon. Ainsi la volonté commande quand le désir se borne à aspirer, manquant
de l'autorité nécessaire pour ordonner le mouvement. Du
reste, je dis que la volonté a la nature de l'esprit, puisqu'elle
fait agir sans agir, et n'est pas en contact avec l'organisme, ce contact détruirait sa liberté absolue et lui enlève-
rait le droit de commander aux sens : donc, la fonction volontaire deviendrait inutile et n'existerait plus. Si bien que
l'énergie volontaire diffère à la fois de l'intelligence avec ses
annexes, autant que de la sensation avec sa force physique;
elle est le moi personnel, absolument libre, réglant les
mouvements des membres en donnant une force vivante à
la faculté particulière qui les meut. En vain nierait-on que
la force active vient de la volonté, par là on nie un fait certain et démontrable, car il faut nécessairement que la volonté produise la vie de la force humaine, puisque celle-ci
lui obéit et qu'elle ne peut obéir qu'à la cause qui engendre
son énergie, bien qu'elle ait sa vie à soi. Du reste, la force
humaine, en s'appuyant sur des membres faibles, sur des
organes délicats, sera faible. Le corps n'est pas le maître de
communiquer cette vie, attendu qu'elle le domine et le
maîtrise, et que d'ailleurs on ne peut transmettre plus
qu'on n'a, ni donner ce qu'on n'a pas. La faculté motrice du
corps émane donc de la volonté qui la vivifie et lui commande les mouvements que cette faculté accomplit, par sa
force soumise à l'autorité du pouvoir volontaire et restant
souvent impuissante quand le corps est malade.

CHAPITRE VI

DE L'ORIGINE DES FACULTÉS HUMAINES

La raison est née et connaît la première avant les filles qu'elle engendre ; cette proposition se présente avec des signes si évidents qu'il paraît superflu de montrer que cette faculté existe antérieurement à toute autre, puisque seule elle a le privilège d'exercer ses fonctions par ses propres forces et de comprendre, à part la mémoire, sans l'amour et sans la volonté, qui ne comprennent rien sans elle. L'intelligence se greffe sur les idées qui lui viennent primitivement de Dieu, par elles le Créateur forme la substance de notre raison innée, qu'en outre il agrandit et embellit chaque jour de ses dons. La croyance en cette opération s'impose, si on considère que ni les sens, ni rien en notre être ne peut nous communiquer les idées de cause, de justice, etc. ; il faut donc reconnaître que, par l'action d'une puissance supérieure, elles sont infusées dans notre esprit naissant, sans quoi rien en vous, rien en moi de raisonnable. Si bien que je me suis connu avant tout comme cause pensante, ce qui m'a donné la vie intellectuelle, puis la suite qui a découlé de cette source aussi profonde que féconde. La mémoire humaine paraît faire son apparition en second lieu, parce

qu'il faut une chose antérieure, ici l'existence de la raison
pour se souvenir, autrement la mémoire n'existerait pas ;
d'où il devient facile de voir que les premières pensées
constituent un passé nécessaire et forment les éléments des
impressions premières et, plus tard, les secondes recueillies
par la mémoire. Les autres facultés ne peuvent naître
avant la mémoire, attendu qu'elles ne sauraient aucunement se passer d'elle ; par exemple, la raison, pour produire
le raisonnement et qu'il fonctionne réellement, a absolument besoin de la mémoire, afin que les conséquences se
souviennent des prémisses et considèrent ce qui va suivre.
On conçoit par là combien on se trouve mal fondé à soutenir que la mémoire et le raisonnement sont nés ensemble,
et qu'ils ne procèdent pas l'un de l'autre ; d'abord, pour que
la mémoire surgisse dans l'âme, il faut que quelque chose
dans cette âme ait un passé, la naissance de la raison pure ;
voilà le premier passé de l'âme ; autrement, sans précédent,
aucun souvenir n'est possible ; donc, sans passé, point de
mémoire ; ainsi évidemment, ce qui ne se rappelle de rien
d'écoulé n'a jamais constitué une mémoire. D'autre part, si
la mémoire n'est en état de fonctionner qu'après que la
raison a pensé, l'amour et la volonté ne sont nullement nécessaires aux fonctions de la mémoire. Enfin, nous allons
démontrer qu'avant le raisonnement, il n'est possible ni de
juger, ni d'aimer, ni de désirer. Tellement qu'on verra bien
que ceux qui croient que toutes les facultés de l'âme ont été
créées d'un seul coup, et en bloc, se trompent énormément.
Non, l'observation constate qu'elles apparaissent successive-
ment, à la suite d'enfantements multipliés, qui surgissent
d'une racine mère et innée. Avant de penser l'homme est
dans le néant ; par exemple, on ne sent que quand on est

en état de savoir qu'on sent ; qui ne sait rien ne sent rien.

La mémoire, par sa descendance de la mère ou de la raison, participe au pouvoir de connaître que possède sa génératrice ; elle voit dans les idées qui vivifient l'intelligence des clartés dont elle garde l'impression. Et comme la mémoire du passé tend vers l'avenir et se préoccupe de ce qui viendra, elle est amenée à en chercher les conséquences. De là naît le raisonnement qui, des principes, va aux conclusions et trouve les vérités à découvrir. Puis de cette faculté logique, le raisonnement en tire le jugement, car on ne peut juger qu'après avoir examiné, c'est-à-dire raisonné ; voilà ce qui nous fait arriver au vrai, mais aussi nous conduit souvent à l'erreur quand nous avons trop confiance dans les sens imposteurs. Mais, dans le cas, dans le temps d'enfantement qui nous occupe, nos sens n'existent pas encore, aussi point d'erreurs possibles.

Sans nous arrêter à cette dernière idée, poursuivons ; bientôt le jugement, fils du raisonnement, en contemplant le vrai et le faux, le juste et l'injuste, ne tarde pas à s'éprendre de l'attrait du bien en éprouvant l'aversion du mal, tellement qu'excité par la faculté de raisonner et de tirer des conséquences lointaines, il allume l'imagination, ou le pouvoir de se représenter une foule de choses dans l'esprit, lequel alors invente le beau en l'admirant, et conçoit le laid en le repoussant. Je dis que, privé de la puissance de découvrir plus ou moins loin les conséquences d'une cause ou d'un fait, je dis qu'avant cette puissance de déduction qui va jusqu'où ses raisonnements l'entraînent, l'imagination ne se conçoit pas. Elle vient donc après la faculté de raisonner, comme après celle de juger ; en effet, ne faut-il pas savoir apprécier, estimer la valeur, la beauté d'une chose, avant de

s'en laisser charmer, ainsi qu'il arrive quand le charme
s'introduit agréablement dans l'imagination?

Nous avons ensuite à ajouter que la puissance d'imaginer
précède celle d'aimer, par ce motif que l'amour ne peut
naître qu'après l'admiration ou l'attrait ; comment, avant
l'admiration ou l'attrait, comment, avant l'impression d'une
chose qui agrée et attire, comment, avant l'inclination, pour-
rions-nous aimer? Le raisonnement et le jugement sont donc
antérieurs au sentiment d'affection; ils excitent et échauf-
fent l'imagination pour allumer en nous les feux de l'a-
mour.

De même, c'est seulement après l'amour que naît le désir,
lequel, à son tour, cherche et arrive à former la volonté.
Car on ne désire que ce que l'on aime; jamais l'indifférence
n'a produit un désir; avant l'amour on ne souhaite rien, on
ne forme de vœux pour rien. Cependant, l'enfantement de
la volonté est précédé de la jouissance, qui n'est que la satisfaction du désir; cette faculté de jouir est la dernière des
filles de l'âme, alors sa famille, obéissante et soumise, se
trouve complète. Après viendra la volonté, qui constitue
une autre, une seconde individualité, dont nous allons bientôt analyser la nature. Mais, d'abord, arrêtons-nous ici
pour considérer l'âme dans toutes ses jouissances.

Nous y verrons et compterons : 1° l'intelligence dont le
pouvoir consiste à comprendre l'immuable; 2° la mémoire,
qui voit le passé et recueille son histoire; 3° le raisonnement,
qui du connu cherche et conclut les conséquences pour l'a-
venir; 4° le jugement, qui apprécie la valeur du raisonnement en lui donnant tort ou raison; 5° l'imagination, qui,
au moyen de la mémoire et du raisonnement, se représente,
soit l'image de ce qui est, soit les choses qu'elle invente, en

éprouvant parfois de l'attrait, parfois de l'aversion ; 6° l'amour, dont l'attraction pour ce qui lui paraît beau et bien s'y attache, ou repousse le contraire de sa haine ; 7° le désir, qui aspire au vrai et à la jouissance ; 8° enfin, la jouissance, qui se plaît en elle-même, et, du reste, appelle ou rejette au loin certains plaisirs. Cette propriété de jouir forme la dernière des facultés de l'intelligence ; les sept enfants lui obéissent sans aucune opposition, ce qui ne se rencontre, ni dans la volonté, ni dans la troisième individualité engendrée ; ces deux puissances, quoique filles de la raison, lui résistent souvent et luttent contre elle.

Nous arrivons enfin à l'homme, ce noble fils de l'intelligence, qui l'égalera un jour ; il est en nous l'individualité la plus libre. L'âme, selon nous, ne pouvant ni errer, ni faire le mal, son désir d'accomplir le bien demande peu d'effort ; il n'y a pas en elle le travail énergique de la volonté : donc, de sa part, peu de mérite.

A l'exclusion de toutes les autres facultés, la volonté peut tout braver, le devoir, Dieu et, de plus, les instincts du corps, la maladie, la mort ; on ne saurait confondre ses tendances avec les deux espèces de désirs qui nous sollicitent ; l'un, qui vise continuellement au développement de l'intelligence en cherchant le vrai ; l'autre, qui veille à la conservation du corps en cherchant la santé, et exécute dans le monde les commandements de l'homme, autrement dit, les ordres de la volonté avec laquelle notre personnalité se confond.

L'âme et le corps n'ont entre eux aucun rapport direct, ils n'en ont que par l'intermédiaire de la volonté. En effet, c'est en vain que les désirs de l'âme se manifestent et souhaitent que le corps agisse : il n'agira que sur l'ordre de la

volonté; ainsi l'intelligence n'a aucune action sur lui;
l'homme est l'unique maître du corps, à lui l'influence et le
commandement, mais à lui aussi le partage des souffrances.
On a tort de confondre les peines morales, les chagrins
avec les peines de l'âme; non, elles affectent l'homme et la
partie sensible qui nous anime; quant à la sérénité de
l'âme, on doit comprendre qu'elle plane au-dessus des ac-
cidents. Du reste, la volonté n'appartient pas à l'intelligence,
elle n'appartient qu'à l'homme; ce qui le prouve, c'est
qu'il s'oppose à la raison et à la conscience quand il lui
plaît. Et pourquoi ces différences d'influence? Parce que
l'homme est la cause, l'engendreur de la sensibilité; il l'a-
limente, bien qu'elle garde son individualité et l'exercice de
ses fonctions naturelles : donc il a sur elle un empire qui
n'existe pas de l'âme à l'égard des sens, lesquels n'ont avec
l'intelligence que des rapports très indirects et des liens
éloignés. Cette individualité de la vie sensible reste libre,
mais c'est une liberté très limitée, qui est loin de ressem-
bler à la liberté absolue de la volonté, laquelle possède le
pouvoir de tout faire, sauf à en être responsable, puis à en
souffrir beaucoup.

Non, nous nous refusons à admettre que le désir fasse
partie de l'essence individuelle de l'homme; il y participe ;
mais si l'homme désirait par lui-même, il cesserait d'être
absolument le maître de son moi; il serait alors dominé par
ses souhaits, égalé par ses passions, au lieu qu'il n'est ni
dominé, ni égalé par rien. Il se sert des facultés de l'âme
ainsi que de celles du corps, tout en restant libre d'admettre
ou de rejeter leurs désirs et leurs enseignements; libre de
repousser les devoirs que la raison lui propose ; libre de con-
traindre les membres à accomplir les actes bons ou mau-

vais qu'il commande; enfin libre de la honte comme de la gloire. Bref, la volonté commande et le désir jamais.

Maintenant, reprenons l'étude de l'élément noble et parfait, sur lequel se fonde la vie composée et si compliquée de toutes les énergies, si difficiles à comprendre, de notre être. Je dis qu'il y a au fond de l'intelligence de tout homme un monde spirituel vivant, où nous distinguons l'idée de Dieu, l'idée de cause, l'idée de justice, l'idée d'un bonheur absolu, l'idée d'une perfection infinie. Dans les richesses de ce trésor, nous allons sans cesse puiser; en le faisant mal, nous pouvons nous tromper; quant à elles, ne nous ayant jamais trompés, elles ne nous tromperont jamais. Cherchez et vous trouverez dans l'intérieur de notre être ces notions innées qui forment les éléments de notre raison, où le Créateur les éclaire de sa lumière vivifiante; car de quelle autre cause les tiendrions-nous? Idées parfaites, comme notre intelligence elle-même, elles constituent les éléments purs de la nature de cette fille du ciel, destinée à y retourner sans avoir péché. Nous pouvons nous tromper en la comprenant mal; quant à elle, l'erreur n'a jamais souillé sa voix. Le volontaire, en tant qu'homme, n'en possède qu'une connaissance imparfaite, bien que la parole vivifiante reste constamment infaillible. Alors, à quelle source empoisonnée notre être va-t-il puiser toutes ses erreurs, mères infâmes de tant de crimes? — La réponse à cette question, fort embarrassante pour un disciple de Descartes, nous paraît bien simple: la volonté ne peut se rendre compte des choses physiques, c'est-à-dire de ce qui est extérieur à son essence spirituelle, qu'au moyen des sens et de nos instincts assez bornés; ainsi, la sensibilité humaine étant unie à la matière des membres charnels, ceux-ci tendent sans cesse à nous abaisser dans leur corruption, et ils y réussissent journellement.

De là de faux jugements qui s'accumulent en foule dans notre mémoire sensible, d'où ils entraînent l'imagination charmée de leurs délices ; si bien que l'homme les suit avec empressement, en mélangeant ces opinions vicieuses avec les vérités primordiales destinées à éclairer l'homme d'une manière insuffisante sans doute, puisqu'elles ne nous garantissent pas de tout ce qui nous égare, quoique elles-mêmes ne nous induisent jamais dans le faux. Cependant, ces vérités immortelles, l'homme, gâté par l'influence charnelle qui corrompt les fonctions du jugement, l'homme a la liberté de repousser la pensée de leur rectitude et même d'en nier l'existence ; mais l'intelligence qui nous anime n'en demeurera pas moins droite et supérieure à tout défaut ; oui, sans défaut, malgré les protestations des sceptiques et les prétendues réfutations des athées, qui se déguisent aujourd'hui sous le nom de positivistes. En vain nous affirment-ils qu'ils ne sentent en eux aucun principe inné, que l'idée de Dieu, comme celle de justice, leur sont étrangères. Eh bien ! nous sommes sûrs du contraire, une voix sacrée crie en nous plus haut qu'eux tous, et l'ardeur de sa parole imposante foudroie l'opposition des raisonnements humains.

Nous allons maintenant aborder des considérations nouvelles de l'ordre de la plus haute importance. Au milieu de toutes les douleurs dont la vie présente est abreuvée, je dis que l'âme est heureuse ; elle l'est proportionnellement aux services qu'elle nous rend. Sans être aussi libre que l'homme, rien ne l'empêche de jouir de la satisfaction de ses désirs, qui ne vont jamais au delà du possible. Dans les condi-

tions favorables où elle existe, demandons-nous pourquoi
et comment elle ne serait pas heureuse? Elle aime le bien,
elle le connaît et l'accomplit, elle contente ses désirs dans
la mesure où ils peuvent être contentés; enfin, elle jouit
d'elle-même et de Dieu, selon ses œuvres; or, tout cela ne
compose-t-il pas le bonheur? Entendons bien celui qui convient à son état, celui qui est en rapport avec les dispositions dans lesquelles se trouve son individualité, telle
qu'il nous est donné de comprendre sa nature immatérielle.
Car les joies de l'âme sont bornées par les limites du domaine de l'esprit, lequel sans doute embrasse l'intelligence
de toutes choses, mais ne ressent les douleurs du corps que
par l'intérêt sympathique qu'il nous porte. Elles impressionnent beaucoup plus la volonté, qui doit partager toutes
les misères corporelles, puisqu'elle a continuellement besoin
de la chair, de la santé et de la force de la chair, dans
le même temps où l'âme n'a d'autre devoir que d'éclairer la
volonté, sans pâtir de ce que l'homme fait ou souffre.

Par exemple, le bonheur, vers lequel l'homme tend de
toutes ses forces, paraît devoir un jour être plus glorieux et
plus grand. Remarquez l'animal des forêts, il semble heureux, parce que ce genre de vie correspond aux besoins et
aux tendances de sa nature; l'âme possède un bonheur plus
élevé; l'homme, poussé par une ambition violente, aspire à
quelque chose d'immense.

On va crier au paradoxe et même à l'absurde, car, observera-t-on, par quel étrange abus de l'imagination, ose-t-on
supposer, que l'âme serait heureuse quand l'homme est si
misérable? — Calmons-nous et cherchons à bien concevoir
qu'il existe, entre l'âme et l'homme, des différences si considérables qu'on a de la peine à voir l'éloignement qui les

sépare. Et pourtant la preuve est là très certaine, nous la constatons en considérant qu'à chaque instant nous repoussons les sages opinions de la raison et que nous combattons les sentiments si excellents que la conscience nous suggère. L'âme a donc évidemment des désirs et des joies très dissemblables des nôtres ; elle peut ainsi se trouver très heureuse dans le même moment où nous sommes extrêmement loin de l'être.

Lorsque Aristote (*De l'Ame*, liv. III') et des philosophes de l'école d'Alexandrie se croyaient fondés à proclamer l'âme infaillible, divine, souveraine en nature, n'auraient-ils pas dû en tirer la conséquence qu'elle est heureuse ? Cette conclusion paraît aller nécessairement de soi, quand on suit la voie aristotélicienne. — Mais, observera-t-on, cette âme telle que vous la dépeignez, pourquoi, étant aussi bonne que vous le dites, pourquoi, dans nos chagrins et dans nos misères, ne vient-elle pas à notre secours ? — Précisément, c'est ce qu'elle fait sans cesse ; certainement, nous savons qu'elle nous console et, chaque jour, nous entendons intérieurement sa noble parole nous encourager. On ne peut lui en demander davantage. Néanmoins, malgré ses généreuses sympathies, toutes nos pénibles vicissitudes ne troublent pas sa paix, qui se maintient tranquille à travers les événements sur lesquels elle ne peut rien.

Car comme elle ne se meut pas dans un lieu, elle n'intervient pas directement dans nos querelles ; il est contraire à sa nature qu'elle opère, ou fasse opérer le moindre changement dans l'espace ; aussi les révolutions de ce bas monde et tous les drames tragiques qui s'y passent n'ont pas le pouvoir de l'impressionner beaucoup ; toutefois, elle n'y reste pas indifférente, puisqu'elle s'intéresse à l'homme, de même que Dieu aussi prend part à tout ce qui nous est utile ou nuisible, sans que jamais sa félicité ait rien à y gagner ou à y perdre.

L'âme, dira-t-on, partage toutes les douleurs du corps. — L'homme, oui, mais l'âme? Distinguons : si par ce dernier mot on entend l'intelligence, Aristote déclare qu'à l'égard du corps elle est impassible (*De l'Ame*, liv. III*). On voit que Descartes et en général tous les modernes se sont étrangement éloignés des opinions du disciple de Platon, en cela ils ont eu tort. Quoi qu'il en soit, l'autorité d'Aristote ne suffit sans doute pas pour entraîner la conviction; adressons-nous donc à l'observation expérimentale et à la raison. Eh bien, l'observation établit qu'en fait c'est en vain que l'intelligence et ses désirs demandent au corps le mouvement, il ne bouge pas et ne se met en marche que sur l'ordre de la volonté, qui est, en effet, la génératrice des forces de la sensibilité, laquelle meut les membres. Et comme il n'y a point d'action sans réaction, la réaction, la contrainte fait éprouver à la volonté, c'est-à-dire à l'homme, tout ce que le corps ressent, soit en fait de plaisirs, soit en fait de peines. Cependant, l'âme est en dehors, à l'écart de cet échange d'émotions diverses; elle donne bien naissance à la volonté, ce qui constitue l'homme et sa liberté, sur laquelle elle — l'âme — ne peut rien, si ce n'est par ses enseignements et ses exhortations; quant aux mouvements des organes et à leurs maladies, cela ne regarde pas la raison. La volonté paraît être spirituelle comme la raison, cependant ses fonctions et, par suite, ses émotions, ses relations, ses impressions sont extrêmement différentes. Ce moteur ne diffère pas moins de la sensibilité, et paraît appelé, pour son bonheur et pour sa gloire, à tout partager néanmoins avec sa mère et sa fille, qui y ont droit, en contribuant si puissamment à tous les progrès de l'homme.

Nous ne pouvons arriver à la vie heureuse qu'après avoir partagé celle de l'âme, avec accord parfait entre elle et nous; tant que la volonté repoussera ses opinions justes, ses sentiments purs et ses joies excellentes, le bonheur nous fuira. Comment le succès légitime, si nous vivons en opposition dans nos pensées et dans nos actes avec l'âme et avec Dieu, et comment, si nous sommes en union avec les vérités de l'âme, en union avec le pouvoir et d'accord avec le gouvernement de Dieu, comment ne pas jouir des avantages qui en résultent? Saint Augustin et en général les Pères de l'Eglise ont cru que le bonheur de l'âme suffisait pour combler tous les désirs de l'homme : illusion pure, il nous faut davantage; il faut que, sans exception ni sacrifice, toutes les facultés humaines, dans l'entière immensité de leur amplitude, reçoivent satisfaction complète, jusqu'à dire : c'est assez; mais assez ne peut se dire absolument qu'en embrassant l'infini de ses douces étreintes.

CHAPITRE VII

Les philosophes anciens et les philosophes modernes sont
d'accord entre eux, et avec les théologiens du moyen âge,
pour ne reconnaître en l'homme que deux espèces de moteurs, que deux espèces de vies, l'âme et le corps; la première mouvant le second. Pour moi, je vois en l'homme
trois espèces de vies, trois natures caractéristiques, et je
vais démontrer qu'elles y sont bien réellement. En effet,
posons en principe et prouvons que la volonté se trouve
entre la raison et la sensibilité qui anime le corps : ce fait
est certain, indéniable, puisque cette volonté lutte presque
continuellement, d'une part, contre la raison et la conscience;
d'autre part, contre la sensation et ses passions. Prétendra-t-on que la raison ne combat pas la volonté mais bien
la passion, et qu'ainsi l'adversaire de l'âme, ce n'est pas la
volonté, mais bien la passion, c'est-à-dire le corps? — Nullement, car quand la volonté se met d'accord avec la raison, la passion cède, elle est vaincue; tandis que quand la
volonté, méprisant la raison, suit la passion, celle-ci l'emporte. Donc la raison n'a qu'une action indirecte et très

faible sur la passion; c'est à la volonté qu'appartient la puissance de repousser et de vaincre les mauvais sentiments. Donc, concluons-nous, il y a bien trois moteurs et non pas seulement deux. Donc l'âme n'a pas sur le corps l'influence qu'on a tort de lui attribuer.

Faisons une hypothèse, supposons que pendant quelques minutes la volonté reste indifférente, qu'elle s'abstienne de toute action. Dans ce cas, la raison continuera à raisonner, à désirer, à aimer; de son côté, le corps continuera à sentir, à jouir ou à souffrir, mais sans bouger de place. Ne voilà-t-il pas bien deux natures séparées, qui n'ont aucune influence l'une sur l'autre, car le jugement et le désir sont impuissants à remuer la moindre fibre du corps; s'il n'en existait pas une troisième, qu'arriverait-il? L'immobilité perpétuelle. Ce repos, forcément continu, est incontestable, puisqu'il n'y a locomotion des membres que sur le commandement de la volonté. Ainsi il n'existe pas seulement deux natures dans l'univers, il y en a trois qui sont très dissemblables, puisqu'elles subsistent comme causes d'effets, de résultats qui ne se ressemblent pas. Oui, trois natures caractéristiques qui existent aussi bien en Dieu qu'en l'homme, car nous sommes créés à son image, et il a une volonté libre comme la nôtre. Mais ne montons pas si haut, tenons-nous en à la science de l'être humain, l'étude de l'homme en lui-même est assez vaste.

Afin de s'assurer que la volonté fait l'essence de l'homme, qui participe seulement à la raison, comme il participe à l'instinct de la sensibilité, tellement qu'il est un troisième moteur, distinct et libre des deux autres, afin de s'en assurer, il suffit de se demander ce qui arriverait dans le cas où la volonté serait une faculté dépendante de la raison et du désir? Alors je dis qu'elle se trouverait si étroitement liée et enchaînée à l'intelligence qu'elle n'aurait pas plus de liberté que n'en ont l'amour et le désir à l'égard de cette même intelligence. Car l'amour et le désir obéissent servilement à la raison et au jugement; en effet, quand le jugement a décidé qu'une chose est belle et bonne, le désir et l'amour s'y attachent nécessairement. Ainsi, dans leurs rapports avec la raison, ils ne jouissent d'aucune liberté. Il en serait de même de la volonté si elle n'était qu'une fonction, un rouage de l'intelligence; mais évidemment elle est autre chose, elle tient la balance entre la raison et le mouvement concupiscible, en possédant le droit et la force de résister soit à l'un, soit à l'autre; ce qui n'est accordé ni aux puissances raisonnables, ni aux puissances de la sensibilité. D'ailleurs, je défie un homme, quand sa raison ou son intérêt a jugé qu'une chose lui est avantageuse, de ne pas la désirer; il est vrai qu'ordinairement la passion intervient et produit sa manifestation opposante, cependant le désir de l'intelligence ne s'en montre pas moins. Ensuite vient la volonté, à elle à se prononcer. Eh bien! souvent, malgré le devoir, malgré l'utilité apparente, elle a ses motifs pour contredire les désirs et ne pas vouloir. Voilà l'homme, voilà les trois natures qui existent dans tous les êtres raisonnables de la terre et du ciel, autrement ils ne vivraient pas.

Une preuve décisive est celle qui constate, par un fait observable, que les relations de la raison, du jugement et du désir, c'est-à-dire les relations de l'âme avec le corps, sont à peu près nulles; cette preuve résulte de ce que le désir de la raison n'éprouve pas de douleur quand il ne s'accomplit pas; la douleur ne se fait sentir que quand la volonté se prononce et ambitionne en vain la réalisation de ses vœux. Ainsi la douleur physique ou le corps n'a pas d'influence sur le désir, et celui-ci, à son tour, reste sans force à lui seul sur le corps, lequel se trouve, au contraire, sans cesse, sous l'impression active de la volonté. Tellement que, si l'action volontaire est entravée, empêchée, il y a contrainte, gêne, et, par conséquent, souffrance ; dans le cas où elle réussit, contentement, plaisir. En sorte que, par là, on voit comment ces deux natures, la volonté et le corps, ont une grande influence l'une sur l'autre, en participant chacune à leurs douleurs et à leurs joies ; ce qui n'a pas lieu, quoi qu'on en dise, entre le corps et l'âme. Les désirs des deux ne peuvent se communiquer leurs plaisirs ou leurs douleurs sans un intermédiaire, qui en entrave plus ou moins l'effet.

Les deux natures nées les premières sont nécessairement l'intelligence et la volonté, car, si on connaît évidemment avant de vouloir, on veut évidemment avant d'agir, c'est-à-dire avant l'existence du corps animé. Ces deux premières natures en date semblent spirituelles ; mais ce sont deux esprits dont la substance est très différente, puisque ces causes ont des facultés, des propriétés si dissemblables. La première nature ou cause transmet la vie à la seconde, laquelle, à son tour, donne la vie à la troisième, et cette génération, qui explique l'action et la réaction réciproques de ces natures l'une sur l'autre, cette génération, en se perpétuant indéfiniment, fait que toutes les trois sont immortelles. Nous osons à peine affirmer qu'elles sont éternelles en Dieu, tant nous redoutons d'aborder des questions si hautes !

Cependant, bravons toute crainte, Dieu et l'univers ont des rapports si intimes avec l'homme que l'esprit ne peut guère s'appliquer à approfondir la nature humaine sans mé-

diter en même temps sur l'essence du Créateur et sur ses
œuvres. Par exemple, on sait que l'idée de force éclaire un
grand nombre de questions qui se rapportent à notre corps
en particulier et aux corps en général qui composent l'univers; ainsi on est amené à chercher une bonne définition de
la force physique en soi, dans sa cause et ses applications.
Eh bien, la force a pour nature la sensation, elle est l'attribut essentiel de la sensation plus ou moins énergique
dans l'homme et dans la femme, dans le cheval et dans le
lion. Les os servent comme appuis et comme leviers, les
nerfs comme moyens de tension, mais nous entendons parler de la cause active qui met en jeu tous les ressorts; cette
cause ne saurait être autre chose que l'énergie de ce qui
sait et peut simultanément, c'est-à-dire de la sensation répandue dans tout l'organisme, où elle porte la vie en donnant
le mouvement aux fonctions locomotives. La volonté sans
la sensation, n'ayant qu'une énergie morale, serait impuissante à remuer la moindre fibre; ainsi un membre qui ne
sent plus est un membre mort. Outre la volonté qui veut
que le bras se soulève, il y a la force qui produit ce soulè-
vement; à quoi, à qui attribuer cette force? Si le corps exécute les actes, alors à quoi bon la volonté? Mais le corps,
dans sa partie charnue et osseuse, est inerte par lui-même,
comme la matière sans vie; la vie active appartient donc à
la sensation qui anime et impressionne l'inertie matérielle
des membres. La sensation se meut elle-même, par sa propre énergie, sans quoi point de vie libre; ce point est essentiel à retenir; elle peut donc transmettre son mouvement. Quant à la portion de matière qui forme les membres
de l'homme, elle est sans animation propre ou à elle. Le
corps ne se meut pas, il est mû; si le corps se mouvait lui-

même, comment la volonté et les désirs de l'intelligence
seraient-ils obéis? Ce n'est pas par leurs efforts physiques,
puisqu'ils sont spirituels, alors c'est donc par l'instinct sensible dont les mouvements se communiquent aux membres.
Dire que l'âme produit des forces dépourvues de tout dis-
cernement, qui agissent sans savoir ce qu'elles font, cela répugne absolument; alors comment nous conduiraient-elles?
Le corps de l'animal lui-même ne se meut pas par lui-
même, c'est encore par la sensation. Ainsi prétendre que
l'âme engendre directement la force motrice, cela suppose
l'impossible. En effet, cette force, agissant en dehors de
l'être, serait avengle et, comme telle, incapable de nous
faire exécuter des actes raisonnables. La sensation possède
essentiellement cette capacité, parce qu'elle est en même
temps une intelligence et une force opérant ensemble.

Dans le vaste espace de l'univers, je vois, des yeux de la
compréhension, la sensation, qui n'est pas autre chose que
la force divine répandue dans les divers lieux de l'espace,
afin d'y produire, avec science, tous les mouvements et tous
les changements nécessaires aux biens de la création entière; sous son influence tutélaire naissent le renouvelle-
ment des saisons, la végétation des plantes, la vie des animaux, la course des astres, lesquels, par une impulsion
continuellement entretenue, circulent, sans trêve et sans
relâche, dans le firmament; enfin, sous l'influence puissante de cette sensibilité énergique, la matière mobile con-
tenue dans les flancs du soleil y reçoit des mouvements rapides qui y allument, y attisent le feu éclatant dont les
rayons fertilisent la terre et vivifient ses habitants. Mais si
vous n'admettez qu'une force s'agitant en dehors de l'être
éternel, elle serait tout à fait dépourvue de l'aptitude né-

cessaire à l'exécution de toutes ces œuvres grandioses qui
demandent tant d'intelligence pour être confectionnées avec
art, et exigent tant de savoir de la part de la main invisible qui les fait à chaque instant mouvoir sous nos yeux.
Une main, également invisible et absolument pareille, agit
dans tout notre corps pour y entretenir la vie, pourquoi
une opération semblable ne s'accomplirait-elle pas invisiblement dans tous les coins de l'univers? Si vous repoussez
cette idée, alors l'impulsion des astres, la vivification des
plantes, la circulation du sang dans nos veines, rien ne
s'explique; impossible à vous de rendre raison de la cause
d'aucun mouvement. Au contraire, ils deviennent tous très
explicables, tous très compréhensibles dans leur origine, si
on reconnaît que la sensation est la force universelle, aussi
puissante qu'elle est intelligente, force divine qui intervient
partout, pour mouvoir les corps avec sagesse, de manière à
faire régner l'harmonie dans l'immensité de la création, ici
sur la surface de la terre, comme là-haut, dans les profondeurs incommensurables du ciel.

Vous croyez que Dieu est un pur esprit : d'accord, mais,
un par sa volonté, ne peut-il pas avoir une faculté d'une
autre nature ? Autrement, comment serait-il doué de cette
faculté merveilleuse par laquelle il travaille en tous lieux,
avec une énergie si active, qui ne se dément jamais, et un
art si consommé, qui ne commet aucune faute? Il n'y a que
la sensation qui soit une force intelligente en état d'exécuter tant de détails si délicats et tant de choses dont la
grandeur nous surprend. Vous raisonnez sans cesse, dans la
fausse hypothèse, que la force agissante et industrieuse de
l'Éternel travaille en dehors de l'être divin; mais il y a évidemment impossibilité, cette force manquerait d'adresse et

de clairvoyance, tandis que nous constatons par ses œuvres qu'elle est réellement une habile ouvrière. Votre hypothèse est donc absurde. La vérité est que Dieu a pour nature un esprit, qui toujours a engendré une sensibilité éternelle et incorruptible avec laquelle il a façonné la matière pour en faire les créations que nous admirons ; ces créations, qui racontent sa gloire, il n'aurait pu les produire ; et aujourd'hui, il ne pourrait les gouverner s'il n'était pas doublé d'une faculté forte et savante, qu'il emploie à chaque instant au travail prodigieux que sa bonté s'impose en vue de favoriser nos progrès. Mais on n'est pas travailleur si on n'agit pas physiquement ; et que deviendrions-nous, je le demande, que deviendrions-nous, malheureux, si nous n'avions pas la puissance fertile en œuvres, qui, en parlant, en écrivant, en faisant des efforts de tous genres, nous permet de réaliser nos pensées? Sans cette même sensibilité puissante et agissante que serait pour l'homme la vie future, que serait la vie de Dieu? Un pur néant.

En tête de ce chapitre, nous parlons de trois natures qui, selon nous, existent en l'homme : certainement cette proposition sera énergiquement contestée, sinon méprisée. Parmi les objections qui se présenteront nécessairement à l'esprit de nos adversaires, nous aurons à compter avec celle qui contestera que l'âme et la volonté forment deux natures différentes : on dira qu'elles dépendent absolument l'une de l'autre. — Malgré tout, nous répondons qu'elles s'opposent l'une à l'autre, et nous maintenons, preuves en main, la différence de ces deux natures, car la nature de la volonté se caractérise par des qualités indépendantes qui la distinguent tout à fait de l'intelligence et notamment du désir, sans que le désir subordonné à l'intelligence se confonde avec les ten-

dances de l'instinct sensible. Assurément, le moi volontaire
est un fruit, mais ce moi personnel enfanté se manifeste
comme étant aussi dissemblable de son père que le fruit du
pommier est dissemblable de la fleur dont il est issu. Ainsi
la volonté commande le mouvement, tandis que la raison,
aidée de l'amour et du désir, n'y peut rien; en vain l'âme
souhaite que les bras et les jarrets exécutent les vœux de
l'amour, ils ne remuent pas tant que la volonté ne s'est
pas prononcée. Et encore, quand le moi volontaire a pro-
noncé sa décision intérieurement, souvent l'instinct sensible
résiste, il refuse d'obéir, notamment lorsqu'il juge qu'une
nourriture ne nous convient pas, qu'elle nous nuira, ou
bien dans le cas où un danger nous menace et que la volonté ne l'a pas vu. Car elle ne possède pas l'usage, l'emploi de la vue physique; la sensibilité a seule pouvoir de se
servir de l'œil comme l'astronome se sert du télescope.

Il n'y a pas là des subtilités qui échappent à l'intelligence, ce sont des faits observables qui se comprennent en
reconnaissant que la volonté est spirituelle, qu'elle ne fait
que commander à la force active, laquelle, à son tour, opère
effectivement. Dans ces conditions, il y aurait donc plusieurs espèces de natures spirituelles; combien? Il semble
qu'il y en a une seule dans la volonté et un nombre incer-
tain, difficile à déterminer dans l'âme. Peut-être y a-t-il
autant de substances spirituelles diverses qu'il y a d'espèces, de sortes de matières. Par exemple, on distingue les
matières solides, les liquides, les gazeuses, celles qui sont
visibles dans leur substance et celles qui sont invisibles en
elles-mêmes et seulement percevables dans leurs effets,
comme la chaleur, comme les essences électriques. De même
l'amour spirituel, qui aspire vivement vers ce qui lui plaît,

ne saurait être d'une nature absolument pareille à celle de l'intelligence, qui comprend à part toute aspiration. Car celle-ci reste immuable en soi, pendant que l'imagination, l'amour, changent et tendent à s'élancer hors d'eux-mêmes. Également, entre la mémoire, l'imagination et le jugement, il paraît exister des différences notables qui indiquent des natures dissemblables.

Quoi qu'il en soit, revenons à l'étude si importante de la volonté et à la question de savoir si elle est spirituelle ou matérielle. Dans ce dernier cas, elle ne se distinguerait pas des sens, et l'homme n'aurait pas besoin de la force active qui est sans cesse en contact avec nos organes. La preuve qu'elle n'est pas physique se déduit de ce que, semblable en ce point à l'intelligence et à la conscience spirituelles, elle domine nos sens, s'oppose à leurs passions et même à leurs besoins, sans néanmoins agir sur eux physiquement ; autrement, ils pourraient réagir en imprimant des mouvements physiques à la volonté, ce que rien ne constate, et que tout répudie, car elle cesserait d'être libre. Quant à la sensation, elle a certainement une action physique sur le corps membraneux, puisqu'elle ne peut s'agiter sans que les organes ne suivent son agitation. D'autre part, remarquons que la volonté reste indépendante, son influence est tellement purement spirituelle que, dans certaines circonstances, elle peut s'émotionner tout en commandant aux sens de demeurer calmes et en repos.

La philosophie religieuse ne repose solidement que sur la science de la nature de l'homme bien comprise ; alors, par elle, nous connaissons, ce qui est immense, les causes des choses et nos destinées : par elle, nous connaissons les soins à prendre pour nous diriger et nous conduire au bonheur, au succès durable et à la gloire véritable. Toute autre science est vaine, chimérique, et s'appuie sur un sable mouvant, que le vent et le temps emporteront, soit un peu plus tôt qu'on ne pense, soit un peu plus tard, ce qui est toujours un signe d'erreur.

CHAPITRE VIII

Y a-t-il un souverain bien ? — Non, mille fois non, s'é-
criera la foule aveugle, cela ne signifie rien ! Et pourtant il
existe réellement un souverain bien, nous allons clairement
le prouver, d'une manière incontestable.

La fin de l'homme, c'est Dieu, parce que, lui devant tout,
nous devons tout lui rapporter; d'ailleurs, comme il n'y a
rien de plus grand, l'âme s'abaisse en visant un but inférieur. La créature ne peut se prendre elle-même en partie
pour fin, alors elle se divise dans ses sentiments, dans ses
tendances, dans sa volonté : donc elle se nuit ; l'unité fait
sa force et la division sa faiblesse et son malheur.

Je répète que la fin de l'homme est un bien souverain
qui se résume pour nous dans la possession de Dieu. Car
qu'entend-on grammaticalement par ce mot posséder ? — Évidemment c'est jouir, user d'une chose, d'un bien et en disposer pour son avantage. Eh bien, arrivés au terme ou à la
possession de la Vérité qui nous met d'accord avec la pensée
et la volonté de Dieu, alors, tout en gardant le libre arbitre
de notre personnalité, nous jouissons de lui, nous en usons
pour notre avantage, en ce sens que ce que nous désirons

il le désire comme nous, il le produit selon nos vœux, et nos
œuvres, il les conduit au succès. Ainsi nous atteignons plusieurs buts très enviables : d'abord notre intelligence se
trouve infiniment éclairée par la Vérité divine, puis, par
cette compréhension, notre volonté et nos efforts physiques
agissent en communauté d'idée avec l'Être absolu, en con-
courant à des desseins que nous approuvons et que nous
aimons ; de la sorte il arrive que la créature élue dispose
librement d'un pouvoir sans bornes. Voilà comment, et cela
n'est point un rêve, comment un jour, parvenus à l'entière
et complète communion de notre âme avec celle de la Divinité, nous posséderons en fait, outre une science immense,
un pouvoir aussi immense. N'est-ce pas là ce qu'on entend
par la possession d'un si grand bien, qu'à lui seul il vaut
mieux que tous les autres réunis ?

Je maintiens que, dès aujourd'hui, chaque âme raisonnable participe plus ou moins à l'intelligence éternelle en la
voyant : cette proposition n'est que l'expression fidèle de la
réalité, vérifiable par des faits. Car nous ne percevons l'idée
que Dieu existe comme être parfait, qu'il y a une justice
éternelle, une cause infinie sans commencement, enfin un
souverain bien destiné à combler tous nos désirs, que parce
que ces vérités vivaces attestent leur présence en remuant
notre cœur. Non, nous ne sommes pas notre lumière à nous-
mêmes, autrement notre essence serait égale à celle du
Créateur. Comment nous donnerions-nous, nous infimes, la
haute idée de la perfection divine ? Ma conscience ne dépend
pas de moi, donc elle dépend et vient de Dieu. Que ces impressions spirituelles cessent, je suppose, leur action, aussitôt nous ne les verrions plus, nous n'éprouverions plus rien
de leur intervention dans notre vie ; mais elles vivent autant

en nous que hors de nous, et l'homme ne les voit en lui
que parce qu'elles lui communiquent une clarté plus vive
que celle du soleil qui brille au firmament. En effet, nous
sentons incontestablement l'esprit de Dieu agir en nous dans
notre conscience; c'est une chose certaine, l'expérience
l'atteste; il nous apporte donc lui-même la preuve de son
existence actuelle et des dons qui s'y rattachent. Que Dieu
s'anéantisse ou qu'il rompe tout commerce avec moi, je perds
immédiatement toutes mes idées absolues qui me font libre,
car je n'ai rien d'absolu en moi, je ne fais que le voir. Si
l'absolu se confond avec ma raison, je suis Dieu. La Vérité
s'impose à moi, donc elle n'est pas moi, ni ma propriété;
ma volonté, voilà mon moi.

Par exemple, je sais bien qu'il existe une justice universelle, mais je ne suis pas la justice, pas plus que je ne suis
la Vérité, elles sont sans mon esprit, quoique mon esprit les
connaisse, quoique sa substance diffère beaucoup de leur
nature souveraine. Privé de ce commerce, ayant perdu ces
relations avec la Vérité incréée, je tomberais à l'état de
brute, puisqu'il me deviendrait impossible de percevoir le
vrai en soi et de me rattacher à toutes ces idées infinies qui,
par essence, sont indépendantes des sens, supérieures à la
terre et dominent mon âme, laquelle est si au-dessous de l'infini qu'elle conçoit à peine et très vaguement l'infini. Que
cette lumière s'éteigne, une nuit noire se fait dans mon esprit, la pensée du devoir m'échappe comme une ombre; car
sans l'absolu point de devoir, la base lui manque, toute morale s'écroule, toute raison s'effondre dans le vide. Concluons donc que l'intelligence humaine n'est qu'une participation à une intelligence incréée; sa puissance est dans
le même cas, car nous n'allons au succès qu'en nous reliant

à sa pensée et en coopérant à l'accomplissement de ses désirs. Souvent l'injuste coopère sans vouloir coopérer et il réussit, mais le malheur l'attend et va bientôt le frapper. Ainsi, que nous le voulions ou non, que nous l'ignorions ou non, nous ne vivons qu'en participant plus ou moins bien à la vie divine qui nourrit la nôtre; sans cet aliment nous péririons comme le corps périt faute de nourriture. Mais avec l'accord parfait, avec la vie éternelle nous devenons solidement heureux en participant à sa puissance.

La science se partage sans que celui qui la donne perde rien de la sienne; par exemple, le professeur ne diminue jamais sa richesse spirituelle en la transmettant à ses auditeurs; c'est ainsi que, d'une manière, non pas tout à fait pareille mais analogue, Dieu nous communique son intelligence en nous faisant voir en elle les vérités éternelles qui y brillent, à peu près comme nous recevons les rayons du soleil. Nous en profitons, nous les possédons par lui sans qu'il cesse de les posséder en lui, et voilà comment nous pensons et nous comprenons en subissant son influence ou plutôt en en tirant tant d'avantages. Toutefois, nous gardons notre libre arbitre, car nous demeurons toujours libres de fermer les yeux à la lumière. Eh bien, de l'intelligence née avant le corps, cet instrument ne venant qu'après que l'agent est capable de s'en servir; avant il est inutile et d'ailleurs il manquerait de l'animation fournie par le moteur. Notre âme motrice a nécessairement pensé avant le corps, comme elle pensera, voudra et agira après le corps. De cette intelligence première de l'enfant procèdent les autres énergies de l'âme, notamment la volonté et la puissance d'agir, car d'où viendraient-elles? La certitude de

cette opération génératrice ne soulève aucun doute quand
on considère que l'homme connaît avant de pouvoir aimer ;
puis ensuite, qu'il désire, qu'il aspire à quelque chose avant
de pouvoir vouloir, avant de mettre à effet la chose sou-
haitée. Ces facultés étant formées et prêtes à fonctionner,
j'ajoute encore qu'elles sont insuffisantes à elles-mêmes si
elles ne sont pas alimentées, mues par une force qui les
meut ; elles ont besoin que la lumière divine verse en elles
sa clarté, autrement la nuit, autrement elles ne pourraient
ni voir, ni marcher.

Car si j'étais ma lumière à moi-même, je serais ma règle
et autant que Dieu ; ma vérité égalerait la sienne, il y en
aurait autant qu'il y a d'hommes ; et comme tous se passe-
raient de lui, le gouvernement du monde lui échapperait,
tellement qu'au lieu d'être le Tout-Puissant, il serait l'impuissant. Non, la Vérité infinie est une propriété dont j'ai
seulement l'usage sans en posséder le fonds ; j'en profite,
j'en jouis comme je jouis des rayons du soleil, sans me confondre avec cet astre. Bref, sans les germes de la force incessamment semés et fécondés en notre sein par le grand
semeur, nous ne pourrions arriver ni à l'activité morale ni
à l'action physique.

Comme je ne suis sûr que vous existez qu'en vous voyant,
ou en ayant la preuve positive que vous agissez, pareillement c'est en percevant l'impression que Dieu opère en moi
que je sais positivement qu'il existe ; il faut que je voie, du
regard de l'âme, les vérités de cause, de justice, de perfection, et que je les sente, sinon elles ne sont rien pour moi ;
je les ignore et, dans l'avenir, je les ignorerais toujours si
elles ne manifestaient pas leur présence. Que demain matin
l'astre du jour ne se lève pas à l'orient, nous serions évi-

demment fondés à douter de son influence sur notre globe;
de même si Dieu, à chaque instant, n'attestait pas sa présence dans notre conscience, nous serions en droit de dire
qu'il ne nous éclaire pas, et fondés à douter de son intervention dans notre vie et nos progrès. Il n'agit pas sur
moi, donc il n'est pas; ou, s'il est, je le trouve trop indifférent, trop loin de moi pour m'occuper de lui. Mais comme il
agit réellement sur moi, donc il alimente mon âme, et je
subsiste en partie par lui, et ne suis rien sans lui. Oui, je
vis par lui, maintenant d'une manière incorrecte, imparfaite, mais en avançant toujours pour vivre d'une manière
de plus en plus correcte et parfaitement heureuse.

En vain objecterait-on qu'il suffit que j'aie l'idée de Dieu
dans mon intelligence, n'importe d'où elle vienne, sans la
voir en lui, sans que son impression soit éprouvée par moi,
pour être en mesure d'affirmer qu'elle existe? — Non, dans
ce cas, vous n'en savez à peu près rien, parce que ce peut
être une illusion de votre imagination, une erreur de raisonnement humain, qui aime à se bercer d'agréables chimères;
non, sans l'expérience point de certitude absolue. Pourquoi suis-je certain que Dieu est dans mon sein? C'est parce
qu'il me le dit intérieurement; je ne sais sûrement qu'il y
a une Vérité éternelle à laquelle je dois m'attacher que parce
que je l'entends qui m'appelle, bien que certains hommes
puissent le nier. Oui, je la sens, et chacun est dans le même
cas, je la sens qui m'impose le devoir; et quand, sur une
foule de points, elle m'a suffisamment éclairé, je suis forcé
de céder et de rejeter mes opinions fausses pour embrasser
le vrai. Ce vrai sublime, dont les germes semés en se développant dans notre personnalité lui donne la puissance d'engendrer des forces physiques, d'où résultent nos actes libres

et méritoires, qui nous associent à cette puissance heureuse et souveraine toujours accompagnée du succès.

Maintenez-vous que mes idées absolues de justice, de perfection et autres du même genre font partie intégrante de mon intelligence? Alors vous m'octroyez toutes les qualités de l'absolu; me voilà à moi seul mon soleil intellectuel, ma cause, mon centre et ma fin, je suis mon souverain bien; tellement que tous mes actes doivent se rapporter à moi, puisqu'il suffit de me contempler pour trouver en moi l'infini; ce qui me fait marcher orgueilleusement à l'égal de Dieu en me passant de lui. — Eh bien, comme ces conséquences mènent à l'absurde, cela nous fournit la preuve que nos propres idées ont une autre nature que celles du Tout-Puissant; ce sont des reflets dont notre âme est le miroir, des réverbérations qui émanent des idées éternelles; ainsi leur foyer est en Dieu, et je ne les perçois, je ne les vois qu'en lui. C'est donc au moyen de leur lumière que je pense, tout en employant en même temps mes propres efforts. Si bien que je coopère librement, sans interruption, avec la grâce divine qui me prête son appui pour comprendre ce qu'elle comprend. Cependant, à part les intelligibles absolus qui forment le fond de notre raison, toutes nos idées nous viennent par les sens à l'aide de l'intelligence. Mais tout ce qui ne peut être représenté par une image, tout ce qui est d'essence spirituelle pure, ne naît pas de l'humain, son origine est céleste et descend du Père des lumières.

A un point de vue différent, on nous fera probablement observer que, dans le système qui rattache indirectement notre volonté à Dieu, notre personne ne se trouve unie à lui que par un détour et d'une manière éloignée, puisque notre âme seule produit notre volonté. — Il est vrai que, selon nous et afin de sauver notre libre arbitre, nous croyons que le Créateur ne nous communique directement que les idées, mères de l'intelligence, laquelle, à son tour, engendre le jugement, l'amour et la volonté, cette dernière devant uniquement être formée par nous-mêmes, pour rester une personne indépendante. Si Dieu forme ma volonté, je ne suis pas un homme ; néanmoins il peut, et même il doit influencer la personne en vue de contribuer à la faire monter vers lui. Quand, dans l'avenir, ma faculté de vouloir sera arrivée à se mettre toujours en accord parfait avec la volonté divine, notre union deviendra à la fois parfaite et intime, ainsi l'éloignement, dont on parlait tout à l'heure, se changera en un rapprochement étroit et sympathique.

La raison étant, comme nous l'avons vu tout à l'heure, la mère de l'amour et de la volonté, de ce principe admirable, la logique nous oblige à croire que l'intelligence est une cause première en Dieu et en l'homme, seule elle explique tout et montre clairement l'origine universelle des choses. De son sein maternel sortent les facultés nécessaires aux fonctions de l'âme humaine, et il paraît raisonnable de penser que de l'éternelle intelligence procèdent éternellement sa volonté et sa puissance qui a créé le monde et le gouverne. Pour l'homme, voilà la source féconde où il puise son souverain bien ; rien autre chose ne peut le lui donner.

Après avoir considéré et analysé attentivement la fin de l'homme, nous avons maintenant à chercher et à étudier quelle est la morale qui nous fait conquérir cette haute fortune. Cette morale ne saurait être autre que celle de l'Evangile, c'est toujours le renoncement et l'amour du divin.

Cependant, comme ces principes mal interprétés jettent souvent l'homme dans les plus grands dangers, tellement que, par un zèle sans science, ils le mènent dans de déplorables désordres, il convient extrêmement de s'expliquer nettement et de savoir au juste en quoi consiste le désintéressement demandé, et comment il faut entendre le sacrifice ordonné. Eh bien, ce sacrifice se borne et se résume à renoncer entièrement aux passions des sens et de l'orgueil; puis, en outre, à tout aimer relativement à Dieu. — Mais cette double règle comprend bien des choses. Néanmoins, quand tout sentiment appartient au devoir, quand tout désir en nous vise à sa fin, en évitant avec soin la passion, alors tout en l'homme se transforme, devient légitime, et même se trouve louable par la perfection du but suprême vers lequel il tend. L'intérêt est à réprouver, un cœur honnête doit le chasser loin de soi; c'est là beaucoup demander ; néanmoins, quand cette loi sera bien expliquée, on verra qu'il n'est pas permis de crier à l'exagération et à l'impossible, nous le prouverons. Il y a plus, tous ces pouvoirs conduisent au bonheur par un chemin qui est plus facile à suivre que tout autre, en observant bien les diverses compensations.

La religion en soi, dans la juste sévérité de sa loi, commande à la créature d'aimer son Créateur absolument, et de ne s'aimer que relativement à son auteur, avec la bonne intention de le servir, de lui être agréable et de s'unir de toutes les forces de son esprit et de son cœur à sa volonté. Ainsi l'âme dans laquelle l'amour brûle et qui le fait partager à ses facultés se sent portée hors de soi; par cette exaltation généreuse, l'homme se rend complètement désintéressé. Le mérite de ce dévouement absolu purifie le cœur,

qui alors voit ce que l'égoïsme ne verra jamais, en sorte
que l'homme parvient ainsi à se relier intimement et parfaitement à la Vérité; cause sublime, dans l'état parfait elle
donne satisfaction pleine et entière à tous les désirs. Mais,
avant tout, le renoncement s'impose, et cette loi religieuse
favorise nos intérêts les plus chers.

Cette doctrine du renoncement à soi-même, qui, mal
comprise, devient funeste, possède la vertu d'éclairer l'esprit
et de dissiper les nuages de l'erreur; en outre, elle contient
la vraie morale de l'Evangile, telle qu'on l'a toujours admirée; on en chercherait en vain une autre, la Vérité est une.
Entendue comme il faut l'entendre, elle offre un parfait sujet de contentement à toutes les aspirations légitimes de la
nature humaine, sans la réalisation desquelles il nous serait
impossible de nous élever, dans l'avenir, jusqu'à la complète
ressemblance avec Dieu, et de le servir avec un dévouement
absolu uni à un bonheur aussi grand que ce dévouement.
Pour ce résultat de haut perfectionnement, il nous faut au
terme, à la fin, la paix, la liberté avec tous ses avantages, la
jouissance de la puissance couronnée de succès. Oui, il ne
nous faut pas moins, afin que notre amour devienne et se
maintienne entièrement pur et dégagé de tout soin qui
troublerait sa quiétude et la félicité d'un être, s'étant élevé
à cet état sublime, et comptant bien ne pas en descendre.
Ainsi notre personne ne sera dégagée des étreintes du mal
que quand elle obéira constamment au devoir, car le devoir
embrassant, par l'étendue de l'universalité, détruit l'intérêt
pour régner seul, et en même temps qu'il règne sur nous
avec une autorité absolue, l'homme conquiert la gloire. Si
bien que, par un juste retour, cette espèce d'immolation de
l'intérêt propre, demandé par Dieu et, en son nom, exigé

par la conscience, nous rapporte un intérêt extrêmement grand. Néanmoins, ce rapport si fructueux n'empêche pas que le devoir, même dans ce cas et avec cet espoir, ne conserve exactement le caractère du désintéressement, puisque, mû par ces sentiments méritoires, notre cœur immole sans retour ses passions et ses volontés mauvaises, sans désirer jamais les reprendre; or voilà ce qui constitue le renoncement complet, et l'abandon vertueux de ce qui nous plaisait pour ne jamais y revenir. Cependant, à tout prendre, qu'y a-t-il là de commandé? Uniquement l'amour religieux et le sacrifice des intérêts de la passion; sacrifice immense, non impossible et rien de plus; en allant au delà on tombe dans le faux, on se précipite dans des superstitions déplorables, on se précipite aveuglément dans des erreurs dont les conséquences sont excessivement douloureuses.

Afin de ne pas être ingrat envers les services rendus, reconnaissons qu'il y a un grand honneur pour les Pères de l'Eglise d'avoir proclamé les premiers un principe sublime, ignoré de tous les philosophes de la Grèce, et surpassant de très haut les prophètes de l'Ancien Testament; ce principe, ils l'ont résumé en professant : que toutes les actions d'un chrétien doivent être faites par rapport à Dieu. — En effet, si l'homme agit pour lui ou dans son intérêt propre, alors il est égoïste, il s'adore lui-même, oubliant de qui il tient sa vie et tous ses dons, il nargue Dieu; du reste, il se jette dans le malheur, parce qu'il va contre sa destinée; enfin il se rend ennemi de lui-même. Cette morale des Pères de l'Eglise est sans rivale, il faudrait être insensé pour la comparer à celle de Kant, cependant on l'ose; par exemple, le ministre Jules Ferry vous dira qu'il n'y a qu'une morale : donc toutes les morales sont bonnes et égales entre elles.

Répétons-le souvent, le souverain bien, c'est Dieu ; nous jouissons de lui, nous le possédons en le voyant dans sa Vérité increée, en l'aimant absolument et en partageant son pouvoir, c'est-à-dire l'action de sa puissance, qui, dans un avenir certain, ne fera qu'un avec la nôtre, tant notre accord mutuel formera une parfaite harmonie qui, avec lui, nous conduira au succès de nos désirs, sans en excepter aucun. Ce comble du contentement doit nécessairement se réaliser et ne saurait se passer de la puissance ; il faudra que notre amour, tant éprouvé maintenant, devienne et demeure, dans l'état de perfection, sans agitation pénible, que notre plaisir d'agir pour réussir grandisse le plus possible, pour que nous nous plaisions dans l'association avec Dieu ; en sorte que nous arrivions à une conformité admirable et parfaite de nos sentiments, de nos joies intimes et de la multitude de nos souhaits avec les siens, afin qu'alors, comme dit Jésus, nous soyons *un*. Autrement l'espoir du bonheur, sans la puissance qui en est la condition essentielle, cet espoir aboutirait à la déception et non à la jouissance.

Quoique Dieu ramène tout à lui et en définitive ait toujours pour but sa gloire, il importe extrêmement de concevoir, avec clarté, comment il est cependant le plus généreux des êtres ; car, ramenant tout à lui, il nous y ramène, ce qui est pour nous le souverain bien. Ainsi, il ne veut notre amour que pour notre avantage, et ne pousse à notre perfectionnement que pour nous mettre en état de recevoir la vie heureuse. Etant son but, quand il agit sur nous, c'est pour nous entraîner à lui, sans quoi ses actes n'auraient pas sa perfection, sa personne pour but ; donc, en cherchant son bien, il veut nécessairement le nôtre, et la fin qu'il se pro-

pose constamment tend à satisfaire la nôtre. De même, en
nous retournant du côté de l'homme, si nous nous aimions
si peu que ce soit pour nous-mêmes, et que nous ne nous
attachions pas absolument au divin, dans ces conditions ir-
régulières, nous résistons, sans le savoir, à l'attrait du vrai
bonheur absolu, nous refusons le bien qui renferme tous les
biens.

Aimer un être par rapport à un autre être, ou aimer un fils
par rapport à son père, ce n'est pas moins aimer le fils, puisqu'on lui veut du bien; en conséquence, aimer Dieu infiniment
ce n'est pas cesser de nous aimer. Par conséquent en m'aimant par rapport à Dieu, je me veux du bien et même beaucoup : donc je m'aime encore réellement. Dans ce cas, ma personnalité règne et gouverne en moi, bien mieux que ne le fait
le sceptique qui ne s'affranchit de Dieu que pour tomber sous
le joug des passions du démon, lesquelles l'asservissent et
le tourmentent. Du reste, il convient de distinguer deux
espèces d'amours ou d'attachements, l'absolu et le relatif,
tous les deux réels et aussi excellents ; en effet, aimer Dieu
ou s'aimer pour lui, c'est toujours aller à la même fin par
deux moyens aussi nobles. Cependant une nuance les sépare, l'attachement absolu satisfait le cœur en lui offrant directement la possession de l'absolu, possession réelle qu'on
aurait tort de traiter dédaigneusement de chimérique. Quant
à l'attachement relatif, il aspire aussi à Dieu indirectement
et par un détour, mais comme il atteint pareillement le but,
en se dévouant tout autant, pourvu que l'homme ait soin de
ne s'aimer que relativement à son auteur, cet attachement
est égal en bonté. Nous parlions à l'instant de chimères ; en
religion, il n'y en a que dans les fausses illusions justement
reprochées aux mystiques. Car, par exemple, dans le sys-

tème de saint Augustin qui est leur père, leur inspirateur,
la volonté est sacrifiée sans pitié à une contemplation exclusive; ce docteur et ses disciples font de l'âme dans le ciel une
momie sensitive, sans liberté et sans vie; voilà l'idéal à
atteindre. Aveugles qui ne voient pas que contempler, louer,
exalter Dieu dans son âme, cela ne suffit pas; l'action qui
réussit, voilà ce qui est nécessaire au bonheur parfait; sinon l'union de l'humain et du divin reste incomplète, elle
est viciée par un défaut grave.

Ne craignons donc pas la morale du renoncement et
du désintéressement, interprétée dans un sens raisonnable, bien différent de lui des élèves de saint Augustin et de
Fénelon, elle s'élève au-dessus de tout reproche. Du reste, ce
renoncement à son intérêt propre ou à soi-même se trouve
être à la fois une loi obligatoire et une ligne à suivre, extrêmement utile pour qui la prend pour guide. Ainsi, dans
la véritable pensée de Jésus, ce renoncement n'est pas la négation de la récompense, non, ce renoncement prescrit à la
créature conduit directement à deux grands résultats; car
il a le double effet, d'abord d'imposer à la créature le devoir
de se donner entièrement à Dieu, tellement que Dieu le
possède complètement. Mais alors il ne nous possède pas
sans que nous ne le possédions; or voilà précisément une
fin immensément heureuse et infiniment enviable pour qui
tient à la conquête du souverain bien. Car, encore une fois,
cette possession nous rend puissants et libres. D'ailleurs,
toute cette morale s'éloigne autant du mysticisme clérical
que de l'immoralité voltairienne, elle reste fidèle aux grandes
traditions religieuses autant qu'aux lois de la raison et aux
exigences de la philosophie la plus rigoureuse; par cette
fidélité, à la fois chrétienne et philosophique, une telle doc-

trine domine, comme ayant droit à l'empire, la théologie du moyen âge, servante de la superstition.

L'homme a à choisir entre la possession de Dieu et la possession de la bête ; dans tous les cas, la vraie et noble union avec Dieu, entendue dans un esprit convenable, ne se confond nullement avec l'absorption qui, dans certaines théories dangereuses, engloutit la liberté humaine et la personnalité individuelle ; par exemple, saint Augustin, d'après vingt passages, supprime l'activité dans la vie future ; ici-bas, selon lui, c'est Dieu qui en l'homme forme sa volonté, donc point de libre arbitre réel. Chassons au loin ces erreurs insensées ; l'homme prudent se garde des périls malheureux où elles entraînent quand sa raison a eu soin de réserver les droits inviolables de la volonté, et surtout elle lui assigne pour fin la puissance personnelle reliée à celle de Dieu. Dans ces conditions, qui nous affranchissent de toutes ces affreuses théories augustiniennes, luthériennes et fatalistes, la science religieuse émancipée reconnaît que l'activité des créatures doit agir parallèlement à celle du Créateur, en s'exerçant séparément, quoique les efforts des créatures, en se coordonnant avec la volonté divine pour tendre au même but, offrent aux bons désirs la jouissance des mêmes biens souverains dont Dieu jouit éternellement. Possédant toute la Vérité, il nous sera par là donné de goûter des jouissances aussi grandes, aussi infinies ; pensée qui aujourd'hui nous surpasse, en causant dans notre esprit un étonnement indicible. Alors, illuminée de ces idées éclatantes, la raison humaine pénètre comment il se fait que la volonté des créatures, appelées à ces hautes destinées, demeure à jamais entière dans l'indépendance de son inviolable personnalité, et obtient, en s'unissant parfaitement au souverain bien, de grandir dans sa liberté et dans l'énergie de sa force progressive. Dieu se proposant sans cesse, au contraire, d'accroître, d'exalter nos facultés innées et surtout notre pouvoir, afin d'avoir dans ses fils, non de bas esclaves, mais des associés libres, partageant ses nobles travaux, qui ont un résultat sublime, la perfection heureuse des hommes nés et à naître indéfiniment dans les temps à venir.

Aux considérations qui précèdent ajoutons et posons-nous cette nouvelle question : La religion en soi est-elle une science, et particulièrement la conception du souverain bien constitue-t-elle une science distincte ? — Je dis qu'il y a là une science révélée, dont les idées nous viennent directement de Dieu, car elles nous rattachent au ciel en portant l'empreinte d'un caractère de noble distinction, qui fait qu'elles surpassent toutes les autres connaissances. En effet, de ces idées sublimes découlent les sciences secondaires ; ainsi, la morale pratique, les mathématiques et leurs diverses applications dérivent des compréhensions premières et tout à fait capitales, lesquelles viennent de plus haut et existent indépendantes des sens. Quant au problème spécial du souverain bien, sa solution a été cherchée avec autant d'ardeur par les philosophes de la Grèce que par les docteurs du christianisme, ce qui montre bien que c'est une connaissance divine offerte à tous les hommes, et non seulement à quelques privilégiés. Il est vrai que les grands chrétiens sont supérieurs aux grands philosophes, mais il faut voir là un progrès qui s'explique facilement ; sans doute, Dieu aide également tous les hommes, mais les aînés aident aussi les plus jeunes, en sorte que ceux-ci profitent de l'enseignement de leurs prédécesseurs.

En effet, cette science des choses divines est progressive, comme toutes les sciences, et cette propriété, qui la fait avancer pareillement aux autres, nous permet de la classer et de la compter parmi les diverses connaissances qui forment le trésor de l'intelligence humaine, bien qu'elle les domine toutes et qu'elle soit à la fois leur mère et leur maîtresse. Je dis qu'il y a en progrès dans la science révélée; par exemple, Moïse surpasse les prêtres de Pharaon comme Platon ses prédécesseurs, et Jésus, à son tour, surpasse Moïse, pour être un jour surpassé par d'autres, qui, éclairés par les leçons du passé, verront mieux, plus haut et plus loin. Il en est de même en physique, en astronomie, en médecine; ces sciences ont eu et elles ont encore leurs erreurs; toutefois elles possèdent un fonds acquis de vérités indestructibles qui s'accroissent avec les siècles; pareillement les grandes et saintes traditions religieuses nous servent infiniment, et leurs pieux enseignements, dégagés des odieuses superstitions qui leur nuisent, serviront encore puissamment à nos neveux. Néanmoins les mathématiques, la physique, les lois civiles et politiques, procèdent et descendent de l'idée de cause en soi, de l'idée absolue de justice, de l'idée infinie de perfection, conceptions dont l'origine est en Dieu; elles enfantent les sciences inférieures, que l'intelligence obtient par l'observation, par le raisonnement et avec le secours des sens, tandis que la science première existe à part sans les images, et avant tout raisonnement.

Oui, je le répète, malgré les railleries des uns et les protestations des autres, cet ensemble d'idées sublimes qui embrassent les perfections divines forment une science révélée, mieux comprise par les esprits d'élite et les cœurs purs,

mais offerte à tous; ces idées ne peuvent nous venir, ni par
les sens, incapables de voir leur immensité spirituelle, ni au
moyen du raisonnement. En effet, on ne raisonne que sur
des principes ou sur des faits, mais d'abord et avant tout
il faut des principes : d'où les tirons-nous? Je réponds : de
Dieu qui nous les communique, et, à mesure que nous pro-
gressons, nous les comprenons davantage, notre intelligence se pénètre de plus en plus de leur lumière, et nous en
faisons naître nos connaissances ultérieures. Evidemment,
l'homme ne possède aucun moyen de trouver lui seul les
vérités incréées, supérieures à la création du monde; il n'y
a qu'un être qui les possède de toute éternité, lui seul a la
faculté d'en opérer la transmission et la transfusion. A mesure que nous avancerons dans la vie du devoir, la révélation nous deviendra plus claire, plus intelligible, et la Vérité, perçant le voile de nos erreurs, apparaîtra plus lucide
et parée de tous ses attraits, pour charmer notre âme et nous
faire participer aux biens infinis.

Gardons-nous de demander davantage et d'exiger des
signes visibles, c'est vouloir être trompé; tenons-nous-en
prudemment à cette révélation raisonnable et véritable qui,
peu à peu et avec le temps, nous enseigne le vrai; enseignement long et difficile, lequel, repoussé par les uns, se
trouve accepté par un petit nombre, d'où résulte pour ces
derniers un mérite très grand, les élevant tellement haut
que ceux qui restent en bas sont éblouis en les regardant
monter; mais, si haut qu'ils montent, ils restent faillibles,
autrement ils en imposent. Oui, la révélation raisonnable qui,
chaque jour, nous instruit quand nous désirons l'être, suffit
largement pour inspirer le bien et éclairer lentement les con-
sciences qui ne demandent pas l'impossible et n'entendent

progresser qu'en méritant, afin d'obtenir, par de longs et
pénibles efforts, le prix qu'il serait injuste de gagner tout à
coup, sans avoir travaillé. D'ailleurs, toutes ces lâches facilités
pour faire arriver instantanément l'âme à Dieu, au moyen du
mérite des saints, ou comme si d'un seul bond merveilleux on
pouvait porter l'homme à la perfection, sont autant de men-
songes. Repoussons ces subterfuges artificieux, indignes à
la fois de l'âme, de Dieu et du dévouement de l'homme
courageux, qui préfère avancer en souffrant beaucoup, marcher à travers les obstacles et parvenir au but en combat-
tant du bon combat pour la conquête de Dieu. Idée admirable, que nous devons aux Pères de l'Eglise, lesquels, à
travers des erreurs, ont eu des éclairs de génie, telles qu'il
n'en brille plus dans les ténèbres de notre triste siècle, qui
se croit grand parce qu'il établit des chemins de fer d'un
village à un autre.

Si on admet et si on vient à considérer que le souverain
bien renferme en lui tous les biens légitimement désirables,
on arrive à se poser une question intéressante : La société
des amis est-elle nécessaire au bonheur? — Il demeure certain que, dans la vie présente, la société de nos amis et les
secours de nos parents nous sont évidemment nécessaires,
qu'enfin nous ne pouvons nous passer d'eux. Dans la vie
future nous aurons encore besoin de nos semblables pour
remplir nos devoirs envers le prochain, car il faut que notre
existence rende des services, qu'elle soit utile à quelqu'un
ou à quelque chose. Mais, en résumé, ce ne sont là que des
moyens, tellement que, si nous vivions dans une solitude,
profitable à nous-mêmes et à autrui, nous pourrions être
aussi heureux dans l'isolement qu'au milieu du monde.
Gardons-nous de croire que notre vrai bonheur réside dans

les hommes, il est en Dieu et en nous-mêmes par les relations que nous entretenons avec la Divinité; sa société
nous est donc suffisante en elle-même, pourvu que nous
possédions les qualités requises pour en jouir. Quand une
telle union nous paraît insuffisante, c'est une preuve de
notre peu de vertu, car cette intimité est si agréable
qu'elle ne souffre aucune comparaison avec aucune autre.

Cependant hâtons-nous d'observer que l'idée d'après laquelle on professe que l'homme a assez de la société de
Dieu pour être heureux, présente de grands dangers, du
moment où on ajoute que la fin de l'être doit être cherchée
uniquement dans la contemplation ou dans la vision béatifique; la même idée n'offre aucun inconvénient quand pour
fin on assigne à l'homme la puissance productrice des œuvres destinées à réussir; puissance qui se trouve dans l'u-
nion avec Dieu, dont la vertu coopère avec nous à l'achèvement complet de la félicité. Nous voilà donc forcés
d'affirmer qu'ils ont bien raison, ceux-là qui professent
hautement, à Paris comme à Rome, que le bonheur existe
seulement en Dieu; toutefois, cette belle pensée a besoin
d'être expliquée et présentée dans un sens acceptable, afin
qu'une telle doctrine, si vraie au fond, ne retranche rien
des justes exigences de nos facultés, lesquelles veulent recevoir un contentement absolu pour se trouver heureuses.

On oublie trop qu'il y a une conversation incessante entre
Dieu et l'homme, la créature ne comprend pas toujours la
parole du Créateur, comme le professeur qui expose sa
science n'est pas toujours compris de l'élève; et pourtant
aspirer à concevoir ce langage céleste, voilà le point où
doit viser la vie religieuse. Si l'homme parvenait sans peine
à se faire promptement une idée exacte des accents de la

voix intérieure qui retentit en nous, il n'y aurait plus aucun
mérite ni à chercher, ni à prier, ni à méditer, ni à aspirer
à l'infini; il ne faut donc pas s'étonner des difficultés que
l'homme rencontre à saisir le sens de la parole révélatrice.
D'ailleurs, il importe de considérer que notre intelligence et
nos sentiments individuels ne peuvent se former qu'à la
suite de persévérants efforts, le temps est donc nécessaire
au travail de l'élaboration et à l'établissement de notre personnalité dont nous avons à constituer la perfection. Du
reste, cet entretien intime du Père des humains avec chacun des membres de son innombrable famille sert au grand
enseignement que Dieu nous distribue, pour nous attirer et
nous attacher à lui, afin que sa société nous tienne lieu de
toutes les amitiés. Ainsi, nos relations avec les hommes ne
sont utiles que comme moyens; si on y voit autre chose, on
se trompe; ces moyens, il est vrai, rentrent dans le devoir
et nous imposent des obligations morales importantes; mais
le souverain bien qui a droit à toutes nos préférences nous
appelle plus haut, lui seul nous suffit, et sachons bien qu'il
a la puissance de combler nos désirs. La plupart des idées
exposées ici, nous les avons puisées, en séparant le bon
grain de l'ivraie, au fond des meilleurs écrits qui nous ont
été laissés par les esprits supérieurs du siècle de saint Augustin, le plus grand siècle qui ait paru dans le monde; car
sa gloire et les éminents services qu'il a rendus à l'humanité
surpassent de beaucoup, sans conteste, le siècle d'Auguste
et celui plus moderne de Louis XIV; seulement les belles
conceptions des penseurs qui ont illustré ce siècle sans égal
ont besoin, en plus d'un point, d'être rectifiées, afin qu'elles
soient mises tout à fait dans le vrai.

CHAPITRE IX

L'AMOUR DE SOI-MÊME

Nous avons vu que l'amour procède ou dérive de l'intelligence, en descendant aussi de l'attrait qui vit dans l'imagination; en effet, l'âme évidemment n'aime qu'après avoir connu; dans l'ignorance point d'attrait, et sans attrait qui nous attache point d'amour. Maintenant quel est l'amour premier? Il semble que ce soit celui de nous-mêmes, parce que pour aspirer hors de soi on ne peut le faire qu'en employant la force du sentiment qui a son siège en nous; c'est donc poussés par la sève de l'amour qui bouillonne dans notre sein, que nous sortons de nous-mêmes par le jet d'un sentiment qui se donne en se détachant; mais l'attachement précède nécessairement le détachement, comme la sève précède le bourgeon qu'elle fait surgir.

Cela posé, je dis que l'homme s'aime lui-même en proportion de son amour du bien, de la justice, de la Vérité éternelle ou de Dieu. En effet, ce qui constitue l'homme ou sa vraie nature, c'est son âme spirituelle formée par ses idées émanées de Dieu et recueillies par l'intelligence de la créature, son âme animée de sentiments généreux et de bons désirs. Aimer un objet corruptible revient à repousser son être, alors on se fuit; s'attacher à son corps pour lui-même et par sympathie pour les passions du corps, c'est se quitter en s'abaissant, en s'avilissant. L'amour de soi, bien compris, ennoblit l'homme, il a pour nature et pour mesure la force intime qui nous vivifie en s'aimant elle-même, en vue de plus grand que soi ou de l'infini ; et comme c'est avec la puissance de notre ardeur intime ou de notre amour que nous aimons Dieu et nos semblables, il est clair que cette puissance intérieure ne saurait s'unir à autrui, ainsi à l'infini avec plus d'énergie qu'à elle-même. En vain nierait-on ce principe ; la vérité qui le constitue se montre évidente, car impossible d'employer pour aimer autrui un sentiment plus fort que celui qui s'aime, puisqu'il n'existe qu'en s'aimant. Pour sortir de soi par amour il faut d'abord et antérieurement être en soi ; or, être en soi dans son amour, c'est s'aimer soi-même ; l'amour intéressé est donc vivant en mon cœur avant de sortir de moi avec un sentiment désintéressé. Dieu s'est aimé le premier précédemment à l'amour qu'il a eu ensuite pour nous; la même opération a lieu en l'homme, et l'amour de soi, en chacun de nous, a tout précédé, parce qu'il faut bien se posséder avant de se donner. Du reste, nous expliquerons bientôt comment l'intérêt primitif se transforme et parvient à se convertir en un désintéressement absolu, qui, seul, nous rend dignes du bonheur et de la gloire.

Quelle est la vraie définition de l'amour d'un être raisonnable? — Je réponds : l'amour de l'amour, c'est-à-dire l'amour qui s'attache à son sentiment et le préfère en l'estimant le meilleur : voilà le sentiment qui le relie à soi et à autrui. Ce choix qui se préfère fonde la liberté de l'homme. Il s'aime comme il se connaît d'abord et avant tout, puis, par la grâce qui le seconde, cet amour naturel enfante un amour surnaturel pour Dieu et le devoir qui domine le premier; cependant, ce second amour, qu'il semble convenable de nommer surnaturel, ne vient qu'après, attendu qu'il faut que l'amour naturel, ou celui exclusivement propre pour notre personne, soit formé, afin qu'ensuite il s'élance hors de soi, car on ne s'élance hors de soi que quand on existe déjà en soi; ainsi il ne sort qu'avec la force primitive.

L'amour en l'homme est comme son intelligence; ainsi la pensée est la pensée de la pensée, comme la volonté est la volonté de la volonté; ce redoublement, ce repli sur soi-même forme le ressort nécessaire à la liberté. Un pareil ressort n'existe pas chez la bête; l'animal aime seulement ses besoins qui le contraignent, tellement qu'il plie sans se replier, sans pouvoir lutter contre l'empire absolu de l'instinct qui ne lui laisse pas le choix de ses sentiments, mais seulement le choix de satisfaire ses sentiments ou ses désirs instinctifs, alors librement, soit d'une manière, soit d'une autre. Différence profonde! Enfin l'amour de l'amour n'a pas d'autre nature que l'amour de soi ou de sa propre nature, puisque s'attacher à ses sentiments personnels, c'est par le fait s'attacher à soi-même; cependant une autre voix m'appelle, mon cœur se sent tenu de chercher à s'ennoblir par le dévouement, il se trouve poussé, par la grâce intérieure, à se donner à Dieu et à se relier au prochain. D'où l'on remarque, en réfléchissant, que le lien généreux qui nous lie à autrui ne saurait, en aucun cas, devenir plus fort que l'amour envers soi; lequel, tout en prenant une direction différente, n'en reste pas moins la cause, la force au moyen de laquelle nous aspirons vers ce qui nous plaît en dehors de nous.

Allons plus loin, afin d'éclaircir cette voie : l'amour de

soi ne trouve pour s'alimenter dans mon cœur que l'amour de mes affections personnelles et impersonnelles, se retournant vers moi dans ses nombreux replis, ou s'élançant hors de moi avec désintéressement, pour revenir encore à son principe; cependant il échappe à lui-même et arrive à se désintéresser complètement, s'il s'oublie comme terme absolu. Comment cela ? J'entends que son amour devient relatif pour soi-même et se rend absolu pour Dieu même; alors cet amour de soi-même en vue de Dieu, tout en s'aimant toujours, ne se prenant plus pour fin, devient égal à l'amour direct pour Dieu; non seulement en force, mais en mérite, car il tend au même but infini, en ne voulant que le souverain bien auquel il sacrifie tout; il ne s'aime plus en effet que par rapport à son Créateur. Par cette opération intérieure, l'homme transforme parfaitement son cœur qui passe au désintéressement.

De cette argumentation il paraît rationnel de distinguer en l'homme trois espèces d'amours, qui se caractérisent nettement dans leurs tendances. D'abord l'amour inférieur, ou celui de soi pour soi-même; puis deux amours égaux supérieurs, s'élevant à la même vertu, c'est-à-dire celui absolu pour Dieu, et celui qui est relatif quand la créature s'aime uniquement pour Dieu en s'y consacrant. Le premier nous mène à un égoïsme orgueilleux, il est donc mauvais, et les droits qu'il prétend avoir sont condamnables; l'homme doit sans doute s'aimer, défendre sa personnalité, mais en vue d'un autre plus grand que lui, autrement il ne rend pas à son bienfaiteur ce qui lui est dû. Les deux derniers sentiments sont seuls conformes au juste; leurs mérites se grandissent à la même hauteur, et ils possèdent le droit incontestable d'être nommés absolument bons, parce que l'un et l'autre tendent au même but souverain, par des moyens aussi louables, comme étant également désintéressés.

Du reste, on ne saurait croire, à moins de l'avoir essayé, combien il est difficile de conquérir un amour de soi-même qui se hausse à la noblesse qui le rend vraiment bon; l'âme ne gagne la valeur d'un sentiment si glorieux qu'en se nourrissant d'abnégations qui le font sortir de soi, afin de vivre en travaillant pour ce qui n'est pas soi. Les avantages de cette méthode qui règle l'amour sont immenses, parce qu'elle réserve les droits de la personnalité, tout en nous faisant passer, sans nous exposer à nous perdre, entre l'indifférence de l'égoïsme et les écueils dangereux du mysticisme. Par exemple, voyez cette foule d'hommes qui s'imaginent s'aimer beaucoup eux-mêmes en aimant violemment leur corps, leur force physique, leur beauté, leur richesse et l'influence dont ils disposent dans le monde; mais, en réalité, ceux-là se donnent au diable et aux passions qu'il inspire pour notre malheur, quand nous ne sommes pas armés de sentiments religieux pour leur résister. Le cœur, animé de bons désirs, ressent dans les entrailles de son être un amour de Dieu qui le porte à vivre pour le sublime, ce qui le rend digne de jouir de lui-même en jouissant de Dieu; et cela avec un plaisir qui surpasse tout ce que l'imagination peut concevoir de plus enivrant, un plaisir suffisant même dans le présent, pour qui sait attendre, pour qui s'habitue à gravir courageusement la montée, soutenu par le grand espoir d'arriver au sommet de la gloire heureuse. Cependant, si notre amour du bien, ou de Dieu qui personnifie le bien, constitue la force et la mesure de l'amour vivifiant du soi, alors réciproquement, dans ce

cas bien entendu, l'amour de soi égale l'amour direct pour
Dieu ; ces deux puissances, issues du même père, marchent
ensemble vers la même fin. En conséquence, l'attrait pour
l'infini ne peut surpasser, en notre âme, l'attrait ou l'attachement pour nous-mêmes, alors qu'il cherche à se dévouer
à l'infini, le moi servant de mobile généreux ; c'est-à-dire
que, quand l'amour aime son moi comme relatif pour se
porter entièrement à Dieu, cette affection vaut celle du moi
aimant directement Dieu. Sans doute, l'attrait immédiat
pour Dieu est d'un autre genre, puisqu'il tend, dès sa naissance, à l'absolu ; mais le relatif, qui ne s'aime lui-même
que pour l'absolu, gagne les qualités absolues et mérite la
même gloire.

Dans les âmes, il y a un amour aveugle comme il y a un
amour éclairé, et les ténèbres combattent la lumière ;
certes, il importe extrêmement de posséder une méthode,
une règle sûre, afin de nous faire aimer raisonnablement
Dieu, le prochain et nous-mêmes ; sans un bon criterium,
nous nous perdons dans le mal par ignorance, tellement
qu'au lieu de nous élancer vers le bonheur, nous tombons
misérablement dans le malheur. Eh bien ! tout démontre à
notre raison, guidée par la conscience, que Dieu doit être
aimé absolument par toutes les forces humaines, et chacun
de nous, comme le prochain, relativement à notre auteur ;
car, pour le bien de chaque homme, tout doit tendre à cet
auteur éternel, nul de nos actes ne s'accomplit légitimement
si ce n'est par rapport à lui. Quant à l'attachement à nous-
mêmes dont nous parlons, quoique relatif, il n'en demeure
pas moins de l'amour et de la jouissance ; par exemple, aimer le fils d'un ami par rapport à son père, c'est toujours
aimer réellement le fils et se plaire à l'obliger. Ainsi, les

sentiments religieux ordonnés selon cette direction, il en résulte que nous maintenons les droits et les devoirs de l'amour de soi-même; alors cette affection, découlant de notre propre intelligence personnelle, laquelle nous recevons de Dieu, et cette intelligence personnelle étant, comme nous le prouvons, la cause génératrice, aidée de Dieu, de notre faculté d'aimer, on s'assure, en remontant à cette origine, que l'homme ne peut et ne pourra jamais donner ou rendre à son Créateur au delà de ce qu'il en a reçu. En effet, comment donner ou rendre plus qu'on ne possède? Tellement qu'en ne nous aimant que pour lui, nous consacrons à Dieu tout notre cœur, en même temps que nous lui donnons tout notre reçu; cependant, quoiqu'on ait dit si souvent le contraire, ce don du cœur ne sera jamais et n'a jamais été plus grand que l'amour qui nous anime pour nous-mêmes. Sans doute, l'amour de soi, très méritoire, pourvu qu'il soit bien compris et bien dirigé, se trouve ordinairement fort mal entendu, de là son vice d'où sort la source impure des désordres les plus odieux; mais nous prévenons ce danger qui nous menace tous en suivant la morale, qui nous demande impérieusement que cet amour se transforme en se dégageant de toute passion et de tout intérêt, car il n'y a plus ni intérêt réel ni égoïsme véritable quand on ne s'aime pas pour soi. Dans ces conditions obligatoires, qui changent le caractère de l'amour personnel, j'affirme qu'il sera excellent et même tout à fait dévoué, ne pensant à lui que par rapport à ce qui est infiniment grand, si bien qu'il se plaira et, en se plaisant, il jouira de son excellence. Dans ces conditions observées avec soin, il ne se sentira attaché à soi que relativement, quoique infiniment et à Dieu absolument et comme terme final; ainsi deux genres d'affections, différentes et équivalentes, sont commandées et à observer. Mon cœur n'est qu'un moyen sublime, Dieu seul reste le but suprême ; mais deux voies, également belles et prescrites, nous conduisent à celui qui est le souverain bien, se donnant à nous avec tous ses biens qui, en certains points, vont jusqu'à, j'ose à peine y penser, nous égaler à lui.

Ces principes établis, défendons-les contre les attaques de ceux qui sont si disposés à les briser ; écoutons ce qui retentit dans les chaires catholiques ; ou plutôt commençons d'abord par répondre aux objections que les sceptiques croient si sérieuses, car nous avons devant nous deux espèces d'adversaires employant des armes bien différentes, et les sceptiques ne sont ni les moins intéressants ni les moins mal armés. Soyons-en sûrs, ils vont repousser nos idées en nous reprochant d'aller de contradictions en contradictions ; car, diront-ils, du moment où vous professez que l'homme doit aimer Dieu absolument et infiniment, il est évident qu'il ne vous est plus permis de vous aimer personnellement si peu que ce soit ; vous nous parlez d'un désintéressement complet, impossible, absurde, mais enfin, si l'homme, dans son ardeur insensée, veut y aspirer, alors il lui est défendu, comme Fénelon l'a très bien compris, de désirer jamais son bien particulier et de chercher dans aucun cas son propre bonheur présent ou futur. Enfin, perdu dans vos rêveries, vos opinions, opposées entre elles, se heurtent en se détruisant les unes les autres. — Eh bien, autant de mots, autant d'erreurs ; ô voltairiens, la haine de Dieu vous aveugle, en sorte que vous arrivez à voir trouble, et à signaler des contradictions là où il n'y en a pas l'ombre. Oui certes, il m'est prescrit d'aimer Dieu infiniment, néanmoins, il m'est aussi prescrit de m'aimer également, mais

d'une autre manière, en allant toujours, en se portant sans
relâche vers Dieu; ainsi, ces deux tendances, loin de se
heurter et de se nuire, s'harmonisent entre elles en s'aidant
mutuellement pour nous faire monter vers le souverain
bien, objet de tous nos vœux. Oui, la morale de la conscience m'ordonne de tout rapporter à Dieu, et à ne chercher que son intérêt en sacrifiant le moi, ou plutôt ce que
je suppose être le mien; néanmoins, Dieu me donne des
droits et, y ajoutant le devoir personnel de les défendre, je
lui obéis donc, je me dévoue donc à sa volonté en défendant
son droit ; or, le plus important, n'est-ce pas le droit au
bonheur? Quant au sacrifice de mon intérêt, tâchons de
voir ce qu'il doit être pour satisfaire complétement Dieu
et notre propre raison. En examinant, nous trouverons que
l'homme est obligé au sacrifice de son orgueil et de toutes
ses passions à la loi morale, c'est-à-dire à Dieu et à la conscience. Osez donc dire qu'il n'y a pas un grand mérite à les
immoler? Le reste m'est commandé pour mon bien et pour
celui de nos semblables ; tellement que l'âme, en observant les ordonnances divines, se rend digne du souverain
qui les ordonne. En résumé, toutes ces prétendues opposi-
tions contradictoires qu'on nous lance à la tête, comme devant nous écraser, tombent à plat devant une science plus
forte. La hauteur d'une pareille science, dégagée des ombres
épaisses de la superstition, ne se gagne pas sans peines,
mais, si laborieux que soient les efforts, le prix obtenu étant
divin, il surpasse la peine. C'est donc une folie de croire que
les vraies idées religieuses se détruisent en se choquant tu-
multueusement les unes contre les autres; loin de là, elles
concordent entre elles et s'harmonisent dans un concert sublime, qui célèbre la gloire de la raison éternelle, et

honore la raison humaine, s'élevant lumineuse au sommet
infini de ces vérités puissantes, jamais trop admirées. En
s'aimant pour elles, en consacrant son âme à elles, l'intérêt
se noie, emporté dans le cours de ce dévouement qui emporte l'homme hors de soi. Répétons-le encore, c'est une
folie de croire que, pour être heureux, on peut se passer de
Dieu, puisque certainement on ne voit le vrai qu'en lui
seul.

Mais c'est une autre folie de n'aimer en Dieu que son
amour, de ne pas aimer et désirer sa puissance, sa gloire et
ses succès, pour en jouir en y participant; par cette puissance, on sert la cause commune de Dieu et de ses semblables; par elle, l'homme trouve le véritable bonheur dans le
dévouement qui nous fuit en croyant le découvrir ailleurs.
— Cependant, si vous vous aimez vous-même, évidemment
voilà de l'intérêt? — Non, si l'homme n'aime, ne veut, ne
cherche que l'intérêt de Dieu, son amour se désintéresse en
vue d'un but sublime, ses sentiments deviennent imperson-
nels, puisqu'ils vont hors de sa personnalité pour s'attacher
à ce qui n'est pas soi. Non, répétons-le toujours, l'amour
de soi, bien compris, reste vainqueur de l'intérêt personnel.

Retournons-nous maintenant pour parer les coups cléricaux qui me sont portés; de ce côté du parti des hommes du
passé, on nous crie que nous devons aimer Dieu infiniment
sans retour sur nous-mêmes, en nous oubliant complètement
et en sacrifiant la personne humaine qui ne compte pas, car
le moi, haïssable en lui-même jusqu'au fond, doit se perdre
dans l'océan de cet amour infini. — Voilà de grandes exigences; mais si par là on nous conduit sûrement au bien, ne
nous plaignons pas des difficultés de la tâche. Certes, nous

le confessons hautement, l'homme est obligé de tendre de toutes ses forces vers l'infini, et il ne lui est permis d'aimer lui et ses semblables qu'en vue de l'infini; mais retenons qu'il doit s'aimer. En effet, pour donner son amour, ne faut-il pas d'abord qu'il le possède? Oui, il faut évidemment qu'il ait l'amour de son propre amour pour en disposer; d'ailleurs, la perte de son moi est la perte de son honneur. Arrière donc la parole insensée de ceux qui nous ordonnent, au nom du ciel, de sacrifier cet amour personnel qui, en s'aimant pour Dieu, se grandit pour lui et en lui! Les Pères de l'Eglise ne demandent pas seulement à l'homme l'impossible, ils lui demandent des choses absolument contraires au devoir, car le premier et le plus sacré des devoirs consiste à diriger nos sentiments de telle sorte que nous nous unissions à la pensée de Dieu et que nous le possédions. Ils se trompent, et leur foi aveugle les engage à entraîner les âmes dans les voies funestes de l'anéantissement du moi; idée fausse en théorie, et surtout très funeste en pratique; de là des abus signalés de toutes parts, aussi déplorables qu'ils sont nombreux et odieux. Cet amour éperdu, cherchant et exigeant violemment l'oubli de soi, le mépris, la haine de son moi, conduit fatalement aux conséquences les plus dangereuses et pousse, chaque jour, dans l'abîme une foule d'âmes honnêtes, qui s'y débattent dans le désespoir.

Quand l'Evangile enseigne dogmatiquement cette loi sacrée, qui oblige la créature à aimer son Créateur de toutes ses forces, que demande-t-il? Il demande à l'homme d'aimer Dieu autant qu'il s'aime lui-même, bien que ce soit d'une autre manière, comme on aime sa mère, et avec plus de respect que soi-même ou qu'un ami, sans que ces diverses

affections se nuisent; pareillement, en nous attachant à
notre Père céleste, en nous cherchant pour le trouver, nous
le reconnaissons comme étant infiniment au-dessus de nous,
et nous aspirons à lui rendre en reconnaissance et en obéissance tout ce qu'il nous a donné. Mais on prétend nous imposer l'impossible, en nous contraignant à aimer un être
plus ou infiniment plus que notre âme par l'oubli impossible de soi. On aime pour posséder; or Dieu est la puissance
en soi; le posséder, c'est donc réellement posséder la puissance et les avantages qui s'y rattachent. — Saint Augustin et bien d'autres vont jusqu'à commander la haine de soi,
— alors l'humanité proteste. Ceux qui assurent voir dans
ces sortes de maximes des idées sublimes confondent le vrai
avec le faux, qui saute aux yeux; en effet, il suffit de ré-
fléchir que, s'il y a une vérité incontestable, c'est évidemment celle qui affirme qu'aucune âme ne saurait jamais
s'élever au-dessus de soi-même, ou aller au delà de ses
puissances intellectuelles et sentimentales. D'autant plus
qu'il se trouve que mon amour personnel est la cause de
mon amour impersonnel, car avec quoi, par quoi puis-je
aimer, si ce n'est avec mes sentiments, avec mon affection?
Eh bien, évidemment, une cause ne peut jamais produire
d'effet plus grand que soi, et l'amour pour autrui n'est
qu'un effet ressortant d'un principe affectueux qui s'élance
de notre cœur. Cet argument défie toute critique.

Donc, quand on a posé dogmatiquement, quand on a proclamé soi-disant infailliblement que Dieu ordonne à l'homme
de l'aimer infiniment plus que soi-même, en s'oubliant et
jusqu'à l'anéantissement de soi-même, on a enseigné une
erreur, malheureusement féconde en résultats funestes.
Tellement, qu'au nom de ce précepte prétendu divin, on a

imposé aux âmes un commandement qui surpasse le possible et a torturé d'innombrables âmes; commandement qui, en outre, viole la loi éternelle dont la sagesse règle les rapports si importants des créatures avec le Créateur. D'ailleurs, la pratique de cette prescription n'a jamais été ni exécutée, ni fidèlement appliquée dans la vie intime de ses partisans les plus fanatiques. Malgré tout, on a toujours, plus ou moins, aimé son moi et son bonheur; seulement, prenons garde qu'en aimant il faut que l'être relatif s'attache à l'absolu comme fin, alors, dans ces conditions, son amour ne sera jamais trop exalté, il s'harmonise avec l'ensemble des choses.

Le moi est haïssable, répètent à l'envi une foule de moralistes. — Oui, lorsqu'il rapporte tout à soi, et que, dans son égoïsme odieux, il foule aux pieds tout ce qui entrave son ambition orgueilleuse et ses honteuses passions. Mais non, mille fois non, quand le moi d'une âme noble aime en elle la Vérité et la justice dont elle est animée; cette âme généreuse s'offre à nous sous l'aspect le plus attrayant. Ainsi ce moi, s'aimant pour aimer le bien, devient la source jaillissante d'un amour fort, d'autant plus heureux et agréable pour nous et pour les autres, qu'il se donne plus fort à Dieu et à ceux qui lui ressemblent; d'autant plus que Dieu lui communique sa gloire et son triomphe.

En fait d'amour envers Dieu, de quoi l'homme est-il capable? De deux amours dissemblables : l'un l'aimant luimême pour lui-même, le second s'aimant pour servir et aimer Dieu. Ils sont différents, cela est certain, mais ayant le même but et se servant du même amour, employé autrement, ils se valent et doivent marcher ensemble.

En considérant que le Créateur nous autorise ou plutôt

7

nous oblige à aspirer à l'infini pour atteindre le souverain
bien, nous voyons que notre fin est exactement semblable à
la sienne, notre souverain bien restant également le sien.
Voilà pourquoi il nous est permis de nous poser la question
de savoir si Dieu nous aime infiniment? Il nous a aimés le
premier, mais combien? Je dis infiniment, et nous devons
l'imiter, puisqu'il veut nous conduire à l'infini, ou à la
jouissance de lui-même, qui est le bien absolument infini.
Dans ces intentions sublimes, lui nous aimant pour nous-
mêmes, pour rendre notre moi aussi heureux que le sien,
alors son affection pour ses créatures n'a donc pas de bornes;
cependant, ses désirs n'ont toujours qu'une fin unique qui
est lui-même, ainsi tout se consomme dans l'unité. Cela bien
compris, on voit donc qu'il y a une étrange erreur, com-
mise par les Pères de l'Eglise et par leurs disciples, lorsque,
sentant justement comment Dieu ne peut avoir une autre
fin que lui-même, ils en concluent qu'il ne doit absolument
aimer que lui-même et sa gloire. Conclusion qui fait de Dieu
un être monstrueusement égoïste, conclusion révoltante,
car elle rabaisse la Divinité dans le vice. Non, en nous aimant absolument pour nous et en vue de nous élever à la
possession de l'absolu, il prend toujours pour fin de ses désirs généreux le souverain bien, qui est son être infini vers
lequel il nous mène; ainsi il ne se divise donc pas dans ses
tendances en nous aimant autant que lui ; au contraire, il
exalte son unité, tous ses efforts allant à l'unité.

Nous venons de résoudre de grands problèmes de morale
religieuse, à leur lumière nous concevrons bientôt comment
il nous sera donné de nous associer à une puissance infinie
qui rendra la nôtre parfaite, si bien qu'elle agira et coopérera conjointement avec cette puissance sans bornes. Mais,

pour que nos sentiments et nos désirs concordent avec ceux de Dieu, de manière à ce que nos volontés se satisfassent comme les siennes, des efforts considérables, qui se prolongeront toute la vie et même au delà, s'imposent à nous. Si l'homme ne cherche pas l'unité, ces grands obstacles, qu'il rencontre à chaque pas maintenant, dans l'avenir, se lèveront encore plus difficiles à franchir, et pourtant c'est une nécessité qu'ils soient franchis, car il faudra toujours, avec plus ou moins de peine et de temps, arriver à l'unité. Vérité qui ne consiste pas seulement dans l'accord des pensées et des sentiments, mais dans le concours harmonique des volontés et des actes agissant en vue d'élever les inférieurs à l'état de perfection et de félicité. Œuvre généreuse qui se commence sur la terre et persévère dans le ciel pour la gloire de tous, sans exception aucune; œuvre qui se continuera indéfiniment dans la suite des siècles, le nombre des bienheureux croissant sans cesse et sans fin. Ajoutons qu'ils ne sont bienheureux que parce qu'ils cherchent et parviennent à faire des bienheureux.

CHAPITRE X

Si, comme on le reconnaît, l'humanité progresse, cela est encore plus vrai de chaque homme en particulier. Eh bien, l'intelligence de la créature raisonnable ayant reçu pour loi d'avancer sans cesse, pense-t-on qu'elle va un jour s'arrêter en route ? Mais a-t-on jamais vu une loi universelle discontinuer tout à coup et cesser d'accomplir une action que depuis longtemps elle exerce ? Dans le cas d'un arrêt inexplicable, tous, tant que nous sommes, nous serions voués à un malheur sans fin, puisque chacun de nous perdrait l'espoir de satisfaire dans l'avenir céleste les désirs les plus légitimes de sa nature spirituelle ; notre âme serait à jamais torturée de cette idée. En outre, comment, étant sujets à des erreurs fréquentes, comment l'union ou l'accord avec Dieu pourrait-il se réaliser dans un temps si éloigné qu'il soit ? Alors guerre éternelle contre lui. — Non, nous sommes appelés par les lois impérieuses de notre nature immortelle, lois agissant perpétuellement, à mettre d'accord notre âme avec la Vérité ; à discontinuer de marcher, nécessairement, volontairement ou non, contre Dieu ;

enfin, cet antagonisme terrible qui existe entre la créature et le Créateur aura un terme. Et comment cet antagonisme prendra-t-il fin si nous restons à perpétuité dans le faux ?

La volonté, le désir et l'amour suivent nécessairement les progrès de la raison et règlent leur marche sur la sienne; ainsi, toutes nos facultés cadettes parviendront immanquablement, comme l'aînée, à gagner l'absolu. Si on le nie, alors, par là on nie, du même coup, la possibilité de l'union parfaite avec Dieu, car cette concorde n'existera dans la vie future en reliant les hommes entre eux, s'harmonisant avec la Vérité dans un concert sublime, que quand l'âme saura tout ce que Dieu sait ; tellement que sa force, agissant dans le même sens que la force divine, pourra réaliser à la fois la pensée de Dieu et la sienne, de manière à ne rien laisser désirer aux deux coopérateurs. Autrement, point d'accord complet.

En effet, comprenons bien ceci : comme le soleil cherche à nous éclairer de ses rayons et à nous vivifier par l'intensité de sa chaleur, sans rien perdre de la vivacité de ses feux, de même Dieu cherche à nous communiquer sa lumière, à nous faire participer à sa force, sans cependant se priver à aucun degré, ni de sa science, ni de cette puissance infinie à laquelle il nous invite à prendre part. Eh bien, cette participation, si restreinte aujourd'hui, grandira toujours; autrement, que nous resterait-il de l'espoir de ce bonheur parfait que la conscience et toutes les religions promettent? Ce serait à peine un bonheur chimérique, car quel nom donner à cette prétendue félicité d'une âme qui saurait qu'une chose est bonne, et la désirerait aussi vivement que vainement sans en voir jamais l'exécution ? Enfin, cette désolante perspective, cette impuissance, est-ce là réellement le bonheur des saints qui comble tous les souhaits ?

Nous posons en principe et en fait que nos facultés grandissent toujours à mesure que l'âge avance, malgré les vicissitudes diverses et les obstacles que semblent leur opposer les maladies et les infirmités du corps. Ces vicissitudes et ces obstacles empêchent sans doute l'homme de bien employer son intelligence, elles entravent les fonctions de la volonté ; mais ces puissances spirituelles n'en amassent pas moins un trésor où s'accumulent leurs forces qui, après la mort, se développeront alors dans toute leur énergie et régneront avec indépendance. On dira que souvent l'homme recule dans le mal ? D'accord, il n'en acquiert pas moins une expérience très utile, une science du mal qui développe son intelligence et lui servira pour aller plus vite au bien, quand le moment sera venu. Oui, il recule d'une certaine manière, cependant il apprend l'erreur, il en subit les douloureuses conséquences ; au milieu de ses crimes, la vigueur de sa volonté s'accroît en même temps que ses souffrances grandissent, de là pour lui un enseignement fructueux qui le pousse en avant, lui profite de plus en plus, et définitivement amène son retour au bien.

Examinons le malade : sans doute, sa pensée et sa volonté se consument à lutter contre la faiblesse de ses membres, le vieillard souffre à les animer, et ses mouvements cherchent à être libres malgré la douleur physique ; cependant, cette débilité des organes usés prouve, au contraire, la force de l'âme qui les meut presque malgré eux. A la mort, quand cette machine détraquée vient à se briser tout à fait, la volonté, s'échappant de ses entraves, reprend tous ses droits et surtout sa puissance acquise, captive pendant sa détention. Par exemple, remarquons particulièrement notre mémoire; elle se garnit d'images, elle prend l'impression ineffaçable de souvenirs qui, souvent, nous échappent maintenant : nous les retrouverons quand les troubles de la chair auront disparu. Une telle gravure ne passe pas; l'oubli est un défaut auquel les âmes parfaites ne peuvent être assujetties. Toute leur histoire écoulée sur cette terre, elles en verront les moindres contours, elles en liront clairement les détails au fond de leur passé, tracé dans les souvenirs impérissables de la mémoire.

Le progrès intérieur s'accomplit donc en chacun de nous, et continue son travail sans trêve ni arrêt, malgré les misères corporelles et nos fautes journalières, si bien qu'à travers les épreuves et à la suite de nos abattements momentanés, il se trouve que nous fortifions constamment toutes les facultés de l'âme. Chaque pas difficile, chaque combat de la vie nous grandit vers les grandeurs de nos destinées futures. Je vois bien, il est vrai, que la volonté est plus énergique chez les jeunes gens que chez les vieillards; mais, comme disait Socrate, je vieillis en apprenant toujours; oui, nous apprenons toujours, si bien que l'expérience, la réflexion née au sein de la peine qui se prolonge, nous montrent la folie de notre orgueil et la honte de nos vices; nous apprenons et nous faisons provision d'un savoir, d'une force qui, de mauvaise, deviendra bonne, et nous servira puissamment à nous faire monter à l'infini, jusqu'à y atteindre.

Que les sceptiques doutent de tout ceci, que les positivistes qui, maintenant sont au pouvoir, raillent avec hauteur, ils sont dans leur vilain rôle; mais ici, je m'adresse à l'homme qui croit à la vie heureuse au delà de la tombe, celui-là, son cœur n'a pas le droit de repousser les idées que nous exposons ici. Certainement, dans le déisme et dans toutes les religions de l'univers, les penseurs sont d'accord pour professer que l'âme religieuse doit consommer son union avec Dieu; voilà la fin de l'homme, ou bien il n'y en a aucune. Eh bien! partant de cette idée d'une fin suprême immanquable, la logique intervient et dit : Si l'amour était satisfait et que la volonté restât à jamais déçue en désespérant absolument de voir s'accomplir ce qu'elle souhaite et ce qui est bien, l'union avec Dieu serait fatalement défectueuse, puisque nos facultés souffriraient nécessairement de cette impuissance ou de cette opposition à leurs vœux. La volonté humaine est créée pour tendre en tout dans le même sens que Dieu agit, voilà sa vraie fin contre laquelle elle se débattrait en vain; dans cette fin obtenue, ses désirs devront se mouvoir dans une pleine liberté comme dans un plein succès. Aujourd'hui nous sommes en désaccord avec Dieu, ce qui constitue un trouble immense, cause, pour l'humanité, de très grands maux. Que faut-il pour l'ordre, la liberté et l'affranchissement de la douleur? Il faut que la volonté satisfasse toutes ses aspirations légitimes, en mettant ses désirs en harmonie avec ceux de la puissance motrice de la volonté du Créateur agissant en tout et partout. Voilà comment la créature, libérée de la peine, brisera toutes ses entraves et arrivera à trouver le contentement continu de son cœur. Autrement on ne comprend rien à cette prétendue félicité de l'avenir, dont tant de prédicateurs nous battent les oreilles; ils en ont des idées si absurdes qu'en les entendant, on désespère d'un bonheur quelconque. Quant aux esprits qui tiennent, sans prétendre se poser en adversaires d'aucune croyance reçue, car il ne s'agit pas ici de braver les traditions chrétiennes, au contraire, qui tiennent, dis-je, à se faire des notions justes

de l'idéal d'une victoire définitive à espérer, ils sont raisonnablement obligés de croire que Dieu associe ses élus à son
pouvoir absolu, en accomplissant tous leurs vœux ; ce qui
est la seule manière de les rendre heureux, car, sans puissance, point de bonheur réel, il est inconciliable avec la déception.

Jésus nous dit : La Vérité vous rendra libres. — Certainement, rien de plus juste ; mais il n'en sera ainsi, et c'est
aussi son opinion, que parce qu'en fait la raison ou la Vérité
possédée armera notre volonté d'une puissance rendue effi-
cace par le ciel, et devenant égale à celle du ciel même. Dans
le cas contraire et en interprétant mal la pensée évangélique,
le prétendu bonheur, réduit à la seule contemplation, n'est
qu'une triste illusion où la superstition mystique des cléricaux égare les âmes ; dans leur simplicité, elles croient, elles
ont foi et elles trouvent la déception.

En considérant la question sous un autre aspect, peut-être
nous opposera-t-on qu'en désirant le pouvoir avec tant de
violence, on voit là trop percer l'intérêt ; si bien qu'en brû-
lant d'une telle ambition, nous nous mettons en contradiction
avec la morale désintéressée dont nous nous portons pourtant
les défenseurs ? Nullement, car la recherche, si ardente qu'elle
soit, de cette espèce de pouvoir, bien différent de celui qu'on
espère dans l'appui des hommes et dans l'amas des richesses,
cette recherche empressée est celle de la liberté ; elle nous
porte à agir sous l'impulsion d'une aspiration obligatoire qui
nous fait préférer la possession de Dieu et, ajoutons, de ses
attributs, à tout autre bonheur, c'est-à-dire à tout autre intérêt. Une telle aspiration s'impose à nous comme un devoir
parfait, lequel nous forcera toujours à d'importants sacri-
fices ; ainsi Dieu et ses associés, en travaillant pour les

hommes, sont sûrs de trouver toujours et sans cesse des volontés mauvaises qui luttent contre leurs généreux efforts, de là leur mérite désintéressé. En sorte que le souverain bien vers lequel l'âme zélée tend et vole en ligne droite demeure constamment un but supérieur à l'intérêt, dominant de haut tout autre plaisir; car le plaisir pur consiste à servir Dieu et les hommes. L'espoir et le souhait de ce pouvoir admirable, si au-dessus, si peu semblable à celui que le monde envie, brille d'une vertu immense dont l'amour brûlera toute âme vraiment religieuse. Et alors son plaisir sera couronné d'une gloire qui en doublera le prix.

La vue de cette faculté, pouvant faire tout ce qu'elle ambitionne au point de surpasser tout désir humain, en entraînera d'autres à Dieu, car elle n'agit pas seulement à l'intérieur du cœur qu'elle enflamme, elle agit infailliblement hors de soi et exerce sur le prochain une action invisible, mais certaine, dont l'énergie est en rapport constant avec la force et la hauteur de la moralité de celui qui produit cette action salutaire sur le monde extérieur. Il est vrai que le monde repousse et hait violemment cette influence religieuse, néanmoins elle opère à chaque instant son effet, avec une intensité que la passion combat en y mettant toujours un acharnement opiniâtre, bien qu'elle ne parvienne jamais à vaincre cette force secrète. Un tel pouvoir donné à l'homme, si borné qu'il soit dans les circonstances actuelles, n'en représente pas moins celui dont la ressemblance se rapproche le plus de celui de Dieu ; surtout par son but qui ne saurait être que la perfection. Car le pouvoir du juste, comme celui de Dieu, ne se propose pas d'autre fin ; elle est trop glorieuse pour ne pas avoir la préférence. Aussi ce pouvoir demeure destiné à grandir en chacun de nous, jusqu'à la ressemblance parfaite avec Dieu. Autrement, ni bonheur parfait, ni gloire réelle.

Ce point apparaît si essentiel, que j'insiste encore : un tel sentiment, accompagné de l'effort d'ambition qu'il comporte, se confond avec la vertu. Comment cela? Parce qu'il ne demande rien à personne, d'où naît la liberté; et qu'il considère le bonheur comme un devoir : car n'est-ce pas une grande et véritable vertu d'être heureux quand la jouissance consiste à aimer et à faire le bien? Alors la jouissance n'a rien de bas, elle est assise sur les sommets du divin, puisque le divin contient dans ses entrailles la joie divine qui le délecte, aussi pure, aussi sublime que tout autre sentiment parfait, et ne pouvant être surpassée en mérite, ni par l'amour, ni par rien, soit sur la terre, soit au ciel. Être heureux, voilà plus que le triomphe, j'y vois la vertu même régnant victorieusement par elle-même, sous la protection de Celui qui ne protège pas en vain.

Selon la doctrine si incorrecte des docteurs de l'Église et notamment de Thomas d'Aquin, tout le bonheur de la vie future se résume à percevoir Dieu, à désirer, à contempler la majesté de la Vérité éternelle; voilà, pensent-ils, l'unique fin, le souverain bien des âmes élues. Mais on a réclamé très justement; Jean Reynaud et bien d'autres ont fait observer que ce sacrifice de l'activité humaine, que cet anéantissement de la libre action de la volonté était la mutilation de l'être et en partie sa destruction. Comment, vous prétendez, au nom du ciel, que je dois aimer et espérer un avenir détestable qui me condamne à être une momie enchaînée à l'immobilité; si bien que la vie heureuse que vous me promettez, la vision béatifique vers laquelle vous voulez m'obliger à aspirer, serait en réalité l'existence la plus malheureuse

et au surplus la moins conforme aux idées, aux enseignements de Jésus, dont vous pervertissez la doctrine, afin de
justifier vos injustifiables erreurs? Comprenez donc qu'il y
aura toujours une occupation sublime et très agréable pour
les bienheureux, ce sera de se dévouer à leurs inférieurs, en
les aidant à secouer le joug du malheur, en les secondant
pour les hausser à la cime du souverain bien. Cet amour du
petit, alimenté par le feu de l'immense amour du plus grand
amour fertile en œuvres fécondes, voilà le bien infini, dont
le pouvoir absolu ne connaît de loi et de borne que la Vérité
infinie qui le règle et l'entraîne dans le ravissement; voilà
l'heureux triomphe, offert à nos efforts, qui donne une joie
sans égale.

Observera-t-on que les désirs souverains de Dieu ne paraissent pas gouverner le monde dans tous ses détails avec
un pouvoir absolu, puisque, parmi nous, l'injustice et l'erreur l'emportent si souvent, en accablant l'honnête homme
et en humiliant le juste; qu'ainsi il ne semble pas mener les
hommes à la fin dont nous parlons? — Eh bien! ce spectacle
du juste dans l'infortune ne doit pas jeter le doute dans nos
cœurs; de telles épreuves sont nécessaires, sans elles la moralité humaine périrait. Par exemple, au sujet des désirs déçus
dans leur espoir et des désordres si affreux qui désolent la
société, parfois l'homme se dit en se parlant intérieurement:
Comment Dieu permet-il cela? Comment toutes ces infa-
mies, tous ces crimes ont-ils lieu, quand il pourrait les empêcher? Comment laissent-ils son âme tranquille et heureuse?
— Eh bien! expliquons brièvement de quelle manière on
arrive à concevoir ce qui fait que, pour Dieu et pour ses
coopérateurs par lesquels nous sommes gouvernés, il n'y a
jamais d'insuccès réel, ni pour leur noble ambition, ni dans

les résultats qu'ils obtiennent. En effet, quand parmi les hommes il se produit des maux visibles, matériels, qui les accablent, il surgit, par compensation, des succès invisibles, lesquels, secondés par la grâce divine, opèrent intérieurement dans les âmes et y déterminent de grands perfectionnements ; or le perfectionnement, voilà le seul but qui satisfasse et qu'ambitionne la Providence et ceux qui l'aident dans son œuvre. Sans doute, les créatures qui se débattent ici-bas dans d'innombrables difficultés, aimeraient mieux que leur vie soit moins dure, mais Dieu ne saurait y consentir ; il n'y a que des luttes terribles qui forcent les âmes à se grandir à la hauteur où l'Éternel veut qu'elles montent.

Ainsi, l'avancement religieux par l'enchaînement des progrès continus, voilà pour Dieu et pour les justes le succès continu, qui met en eux le parfait contentement de leurs désirs. Cette suite de victoires perpétuelles, qui se succèdent sans intermittence et dont l'histoire célèbre la marche triomphale, cette suite glorieuse ne fait cependant pas partie de l'essence du souverain bien, quoiqu'il en forme l'ornement nécessaire et en constitue l'indispensable privilège, car un pouvoir absolu qui se laisserait vaincre par des événements contraires à ses vues ne serait plus un pouvoir absolu ni souverainement glorieux. Il règne sur nous. Seulement, comme nous comprenons mal son règne, en voulant ce qu'il ne veut pas, nous produisons en nous la peine qui ronge notre cœur. Voilà, ce semble, une grande science pour qui en reconnaît la portée. Comparons-la à celle des physiciens et des naturalistes : ils puisent dans leurs études des connaissances très utiles et l'admiration du règne minéral, du règne végétal et du règne animal ; cependant s'ils constatent des faits curieux ils ignorent la science des causes, c'est-à-dire la vraie science. Ainsi, dans leur myopie, ils ne savent même pas comment se produisent les mouvements du corps humain, soit qu'ils lui accordent une âme, soit que, comme ils y sont trop souvent disposés, ils lui en refusent une. Il leur demeure caché que la volonté, en engendrant la vie active des sens, permet à cette activité d'agir sur le sang, sur les fluides du corps; ils tendent et détendent les nerfs, si bien que ces enfantements divers donnent naissance aux mouvements raisonnables de nos membres, dont les actes représentent de cette manière notre pensée. Niera-t-on ces phénomènes? Alors on niera notre libre arbitre, c'est-à-dire ce qui est indéniable; car il n'y a pas d'autre explication que celle de ces engendrements, si semblables du reste à une foule de pareils qui se passent autour de nous. Comment entendez-vous que les lois immuables de la nature gouvernent l'univers, si elles n'engendrent rien de capable de mouvoir les corps avec intelligence?

Les meilleurs théologiens et les plus grands philosophes nous ont doctement enseigné que Dieu est l'éternel producteur de la force; très bien, mais par quel moyen? Voilà ce qu'il serait surtout bon de savoir, et on arrive à le savoir réellement en se rendant compte de l'opération que nous venons de décrire. J'admire ces philosophes quand ils nous démontrent que la force a son origine dans l'intelligence, qu'elle ne saurait avoir sa cause en soi-même, et qu'étant ignorante, il faut nécessairement qu'elle soit dirigée, non par un premier et ancien effort, mais constamment. J'admire le talent avec lequel ils nous prouvent que ces globes errants qui, dans le firmament, gravitent sur des courbes cycloïdales, ne peuvent être mus que par la main savante du Tout-

Puissant. Mais comment, avec et par quoi? — Répondra-t-
on : Par son esprit, d'où émanent des forces qui agissent
hors de lui? — Impossible, car une force en dehors de
l'être n'est plus qu'une énergie brute et aveugle qui ne sait
pas opérer avec art. Or, tous les mouvements des astres,
toutes les œuvres s'opèrent avec art; il faut donc que la
nature qui les produit soit à la fois une force et une intelligence, autrement dit, une énergie sensible qui sache ce
qu'elle fait et qui le fasse raisonnablement. Ainsi, il existe
une nature active et impressionnable dont la force gouverne
le grand corps de l'Univers, pareille à celle qui gouverne
toutes les parties de mon petit corps, et cette force procède
et ne se sépare pas de l'être divin.

Niez, vous êtes libres, mais prouver le contraire, je vous
en défie! Comment nier raisonnablement que les puissances
maîtresses de mes membres ne soient pas issues de ma
cause personnelle, de mon moi qui répond de leurs actes et
s'en reconnaît l'auteur? Ne les enfante-t-il pas quand il
veut, ces choses impalpables, aussi invisibles que la chaleur et aussi énergiques que les mouvements communiqués
par la chaleur? Voilà les intermédiaires qui relient l'âme au
corps. En nous servant convenablement, avec le savoir
nécessaire, de ces énergies, nous arrivons à l'empire qui nous
donne la puissance, dont la jouissance, couronnant nos
efforts, a le privilège de nous rendre heureux. Car, la prétendue félicité que nous offre saint Augustin, au dernier
chapitre de la *Cité de Dieu*, serait réellement un état très
malheureux; il en est de même de la félicité rêvée soit par
les platoniciens, soit par les stoïciens, soit encore moins par
la foule des épicuriens vulgaires dont la tourbe grouille autour de nous. Enfin, quand mon cœur brûlerait d'un amour

infini, quand je posséderais les plus grandes richesses
m'offrant les délices de leurs plus grandes voluptés, tant
que je n'ai pas la puissance issue de la Vérité, je n'ai que
des espérances. Eh bien ! c'est beaucoup lorsqu'on a foi que
cette Vérité souveraine s'augmente chaque jour, s'agrandit
incessamment en notre âme, sans décroître jamais, sans
dépérir jamais, malgré les dépérissements du corps, qui
souvent entravent l'emploi de cette intelligence progressive,
dont parfois nous pouvons à peine faire usage, quoique après
la mort elle soit destinée à reprendre tous ses droits en nous
donnant le rang que nous méritons. S'il n'en était pas
ainsi, point de justice ; mais il y a une justice, et elle exige
que rien ne se perde, ni de nos progrès spirituels, ni de nos
œuvres, ni de nos mérites comme hommes d'étude, comme
hommes de travail et de dévouement ; non, dans le trésor de
la mémoire rien ne se perd, tout se retrouvera et nous sera
rendu avec surcroît. Mais la mémoire la plus étendue et la
plus sûre, la science la plus profonde, l'amour le plus parfait, sont insuffisants, s'il nous manque le pouvoir qui pré-
side au succès.

Du reste, la poursuite du succès légitime est très religieuse, ce zèle va au désintéressement pur, en ce sens qu'il
nous oblige à sacrifier nos passions, notre vie, au devoir ; il
est vrai que nous en profitons, mais cette jouissance elle-
même forme un devoir qui nous détache de tout mal. Ainsi,
quand les mystiques professent que la possession de Dieu
suffit à l'homme, en ajoutant : Dieu seul et c'est assez, se
trompent-ils ? — Non, Dieu est le souverain bien, sa possession doit suffire à tout. Sans doute, dans le présent,
nous ne sommes unis à lui que très imparfaitement, aussi
nous ne participons à ses privilèges éternels que d'une ma-

nière inachevée; cependant, en principe, la possession de Dieu suffit complètement à l'homme. Seulement il faut bien entendre que cette participation avec le divin nous donne la puissance qui mène à la victoire, et comme les mystiques ne le comprennent pas ainsi, de là leurs nombreuses erreurs. Néanmoins, la méditation de leurs études n'est nullement à dédaigner; on croit se débarrasser de leurs écrits et des œuvres immortelles des Pères de l'Église en disant : Le christianisme est une fable. — Soit; dans cette fable n'y a-t-il pas la haute morale de l'Evangile? N'y a-t-il pas les beaux travaux des Pères de l'Eglise et les admirables ouvrages de Bossuet et de Fénelon, qui contiennent tant de vérités sublimes? — Vous crachez sur tout cela. Vous êtes des insensés! On répond encore par cette parole du maître : Le cléricalisme, voilà l'ennemi! — Oui, d'une certaine manière, mais ce n'est pas là l'ennemi de la bonne morale, l'ennemi des grands principes religieux, l'ennemi des idées essentielles, sans lesquelles une société ne peut vivre, n'a jamais vécu et ne vivra jamais.

CHAPITRE XI

LE GRAND AMOUR DE DIEU POUR L'HUMANITÉ

Tous ceux qui croient en Dieu croient aussi qu'il aime l'homme, tant cette conséquence est évidente, mais combien et comment l'aime-t-il? Est-ce proportionnellement ou bien infiniment? Et encore : le Créateur aime-t-il sa créature pour elle-même ou seulement relativement à lui-même comme rapportant tout à soi? Eh bien! je dis que Dieu aime l'homme infiniment et pour lui-même, parce qu'il nous veut du bien personnellement et pour nous-mêmes; en effet, nous sommes ses créatures, ses fils engendrés à sa ressemblance, fils qu'il a mis au monde en les destinant à la plus haute condition; c'est pourquoi il prodigue sans cesse à ses enfants les dons les plus sublimes, en ornant leurs âmes des qualités excellentes de l'intelligence et du sentiment, se proposant enfin de les élever un jour jusqu'à en faire ses égaux. Non pas certes égaux en nature, nous ne serons pas des dieux, nous ne serons pas absolument pareils à l'être infini sans le secours duquel nous ne pouvons, ni aujourd'hui ni jamais, ni penser, ni aimer, ni vouloir; cependant, l'homme vit appelé à devenir l'égal de son Père, en science, en puissance et en félicité. — Le niera-t-on, protestera-t-on énergiquement? Ce sera en vain, la nature humaine et la loi éternelle sont là qui travaillent sans relâche à ce but; autrement, Dieu ne nous aurait créés ni pour la perfection, ni pour le bonheur absolu; son œuvre serait donc manquée, tellement elle se trouverait finalement absurde. Si je suis destiné à me tromper toujours dans une foule de cas importants, si je m'enfonce à jamais éternellement dans les ténèbres de mon ignorance, comment alors voulez-vous que je me mette en union avec Dieu? Et sans cette union avec sa pensée, comment voulez-vous que je me sauve du mal? Mais si je ne me trompe plus, si les démons de l'erreur sont vaincus et chassés loin de mon esprit, je vois clair, j'entre en possession de la Vérité avec toutes ses conséquences, qui sont immenses. L'intelligence ne peut pas toujours apprendre, toujours progresser, sans arriver enfin à la science universelle, qui donne tout sans retenue, Dieu voulant nous rendre absolument heureux, absolument parfaits, sinon pourquoi nous créer? Dieu doit nous communiquer l'infini, en partageant avec nous ses biens infinis; et, en effet, par l'union Dieu se donne à nous tout entier, comme, nous aussi, nous nous livrons à lui tout entiers. Dans ce don réciproque et volontaire il y a fusion, communauté sans qu'il y ait mélange confus, ni division réelle des âmes, chacun conservant sa personnalité, son honneur individuel et sa vie libre. Vie dont l'activité généreuse des parfaits agit de différentes manières en faveur des inférieurs, de ceux qui sont dans une condition au-dessous, afin de les faire monter dans les hauteurs de l'empyrée des bienheureux. Or, Dieu désirant rendre commun l'infini entre nous, par exemple il est certain que la Vérité nous est commune, je m'en sers comme lui, sans quoi pour moi, dès aujourd'hui, aucune lumière; en conséquence, il faut bien pour cela qu'il nous aime infiniment, sinon il ne serait pas évidemment animé d'un désir aussi généreux. Prétendra-t-on que cette communauté des biens infinis n'est qu'un rêve irréalisable? Par cette négation on présume que l'homme n'arrivera jamais au bien parfait, on suppose que le mal, que la lutte pénible, que l'antagonisme avec toutes ses douleurs, existeront éternellement, tellement que le Créateur, insouciant de sa créature, la laisserait misérable à perpétuité? Evidemment ces honteuses suppositions répugnent à la conscience et soulèvent l'indignation de la raison.

Voyons les choses de plus haut : la fin de Dieu est l'absolu infini, mais, nous aussi, notre fin est l'absolu; quand donc Dieu nous aime infiniment pour nous emporter dans ses bras à l'absolu, il ne vise rien que de très noble, il n'aime pas un but indigne de lui et au-dessous de lui. Vous, au contraire, en disant qu'il ne nous aime pas pour nous-mêmes et seulement par rapport à lui, que faites-vous de Dieu? Vous en faites un centre d'égoïsme épouvantable qui effraye l'imagination, tant cette supposition est contraire aux idées de bonté, de générosité, que nous nous plaisons à contempler dans la divinité! Cette théologie insensée qui écrase l'homme dans la boue de sa nature, qu'elle proclame infâme et qui déshonorerait Dieu s'il l'aimait; mais cela constitue une insulte à la magnanimité divine. Si bien que ce Dieu imaginé par saint Augustin, en rapportant tout à lui, n'aime que lui, ce qui nous représente un immense monstre d'égoïsme.

Il existe pour Dieu un devoir auquel il ne manque pas, celui de nous aimer pour nous-mêmes, ce sentiment de bonté l'élève à sa propre hauteur; si nous, créatures, nous

nous permettons de l'imiter en cela, nous dégradons notre cœur, car dans ce cas l'homme agit par un sentiment égoïste et manque à ses devoirs de fils envers notre Père, qui a droit à tout notre amour absolu. Par exemple, comprenons bien ceci : lorsqu'on veut faire d'un homme son ami on l'aime pour lui-même, autrement cette prétendue amitié n'est qu'une fausse affection; or, Dieu veut faire de nous ses amis, donc il doit nous aimer pour nous-mêmes. Si un individu se sert d'un autre individu, d'un ouvrier, d'un domestique, il ne lui donne pas pour cela son affection, il ne lui transmet nullement ses pensées intimes, aussi il ne l'aime pas pour lui-même; mais comme Dieu nous donne son affection, comme il nous transmet sa pensée intime et qu'il nous traite comme ses associés, comme ses fils, alors on voit bien par là qu'il nous aime pour nous-mêmes. L'amour relatif ne suffirait pas, parce que ce sentiment nous tiendrait à distance; ainsi Dieu ne nous attirerait pas à notre fin qui est l'union de plus en plus intime avec lui. Il s'aime dans soi-même pour soi, parce que sa fin se trouve en lui; il nous aime également pour nous-mêmes par le même motif, parce que c'est sa fin, ou que sa perfection, son devoir l'exige. Quant à l'homme, défense est faite à son cœur de s'attacher à soi pour soi-même, parce que sa fin le domine immensément et qu'il s'abaisse en la mettant en lui. C'est en la mettant hors de soi qu'il met la félicité en lui, parce que la félicité, c'est Dieu même, se donnant à nous avec ses attributs, dont le principal est la puissance souveraine à laquelle nous participons quand nous le possédons, puisque alors les actes de sa volonté réalisent la nôtre.

Etant admis que Dieu nous aime infiniment, j'ajoute encore : tous également; oui, parce que tous nous sommes également ses enfants, et tous appelés pareillement à la possession du même héritage. Assurément, du commencement au terme de notre existence progressive nous recevons selon nos œuvres, et celui-là, par exemple, qui, entre tous, atteint au plus haut mérite, obtient le premier le bien suprême ; cependant Dieu ne nous aime pas pour nos mérites, son amour est antérieur à ce qui rend la créature digne de récompense ; en même temps il est gratuit. Sans doute Dieu réprime sévèrement les fautes de chacun, pour le plus grand bien de tous et de chaque âme en particulier, néanmoins il n'a de préférence pour aucun. Cette préférence serait une criante injustice ; tous les enfants d'un même père, tous les fils d'une même famille, qui est ici la nombreuse famille humaine, n'ont-ils pas le droit d'être aimés également ? Méconnaître de tels principes, c'est méconnaître le Père de notre race. Les plus coupables sont les plus malheureux, ceux dont la bonté divine s'occupe davantage pour les ramener au bien. Dieu nous a tous aimés le premier, aucun changement, rien enfin ne peut altérer ses sentiments ; gratuitement donnée, son affection se perpétue à travers le temps, sans varier jamais, malgré toutes nos ingratitudes. Voilà la bonté infinie dans sa perfection incomparable.

Le prochain ne peut exiger que nous l'aimions autrement que nous-mêmes, nous devons donc l'aimer par rapport à Dieu ; l'amour de l'humanité est un sentiment inférieur. Les philanthropes voltairiens ont le tort d'oublier ce principe capital. On le voit, il y a deux seules manières d'aimer, relativement et absolument. Le point supérieur où l'âme doit viser surpasse l'humain, c'est là où la fin de nos désirs doit chercher le sublime. Dieu, en aimant absolument ses fils

et ses filles, créés à son image, dans la pensée de les élever
à lui, se propose toujours un but parfait qui est lui-même,
ainsi il ne se divise pas, il va à l'unité. Si, au contraire,
nous prenons notre personnalité ou, par une générosité mal
entendue, celle du prochain pour but, avec ou sans Dieu,
nous nous dégradons, nous divisons notre ardeur, nous nous
séparons en tout ou en partie du parfait absolu, puisque
nos frères sont, comme nous, très inférieurs à Dieu. Nos
faux philanthropes peuvent seuls dire le contraire. Oui,
Dieu est le sommet où tous les désirs raisonnables sont
tenus de graviter et de converger ; tous les êtres, habitants
du ciel ou de la terre, ont la même loi; par exemple, quand
nous posons en principe que Dieu nous aime pour nous-
mêmes, c'est parce que nous savons qu'il se donne, il
existe comme le terme souverain, qui demeure éternellement un pour lui et pareillement un pour nous. Il importe
donc de faire bien comprendre à l'homme que son Créateur
l'aime autant que lui-même; la nature infinie de ce Créateur
étant à la fois le bien souverain de la créature autant que
celui de l'être divin, son infinitude suffisant à tout et se
donnant à tous. Mais un cœur qui se donne, un esprit qui
se répand en tous, n'est pas un être à dédaigner comme le
veulent les indifférents; il n'est pas non plus animé d'un
amour égoïste, rapportant tout à soi, comme l'entend
saint Augustin, comme le prétendent ses nombreux disciples.

Oui, Dieu se multiplie pour vivifier la multitude de ses
enfants, en conservant cependant la propriété de lui-même;
et la preuve certaine qu'il répand en chacun de nous la vie
morale et physique devient évidente quand l'esprit considère
que c'est par les rayons de sa lumière, envoyés en notre

âme, que celle-ci voit la Vérité dans la sienne. En effet, si je sens en moi qu'il existe une justice absolue, ce n'est aucunement parce qu'elle existe ou a sa cause en moi, qui ne suis nullement absolu, mais bien parce qu'elle a réellement son centre éclatant au sein de cet être absolu, subsistant hors de moi, avec lequel je suis en rapport et dont la clarté me pénètre; sans ce lien, sans ces rayons qui me rapprochent du divin, pour moi point de justice absolue. Voilà comment nous jouissons de cette Vérité éternelle; d'où résulte, pour l'âme éclairée, la possession des biens absolus résidant en Dieu, biens auxquels l'homme est appelé à participer, ce qui le met dans l'état heureux. Le seul en mesure de satisfaire la soif pressante de tous les désirs les plus exigeants de l'homme; le seul qui nous grandit dans cette position dont la hauteur surpasse notre pensée.

En quelques belles paroles Jésus résume sa doctrine de l'amour de Dieu et du prochain, mais ce résumé est trop court, il se trouve très insuffisant pour qui tient à régler correctement ses sentiments religieux, de manière à suivre la voie la plus sûre et la meilleure. Du reste, cette insuffisance a toujours été sentie, et ce motif a déterminé saint Augustin à ajouter à cette doctrine les développements et les clartés qui lui manquent. Malgré son génie, nous avons déjà dit qu'il laisse beaucoup à désirer, car sur plusieurs points très importants son imagination l'emporte extrêmement loin du vrai. Ainsi, ce grand maître des mœurs, outre nos critiques antérieures, mérite encore celles qui vont suivre. Il intitule le XXIe chap. de son *Livre de la doctrine ch.* : « Dieu se sert de nous et n'en jouit pas. » — Puis il poursuit : « Dieu nous aime, mais comment nous aime-t-il? Est-ce pour user de nous ou pour en jouir? Dieu ne jouit pas de nous, seulement il s'en sert. » — Comment il s'en sert? Nous ne sommes donc que des instruments, que ses jouets?

Mais devant l'émission de telles idées la conscience proteste : elle se dit que l'être magnanime, nommé Dieu, doit nous aimer pour nous-mêmes, avec un désintéressement complet; il jouit de nous, il jouit de notre âme pour et dans sa fin qui est également la sienne ; ainsi sa jouissance demeure invariable. En un sens il se sert de nous ; cependant, s'il ne faisait qu'en user et s'en servir, il est évident qu'il n'aimerait pas réellement l'homme, ou bien qu'il l'aimerait relativement à soi, ce qui revient au même. — Notre auteur ne saurait être trop étudié sur ces points délicats, parce que ses doctrines ont pour certains esprits force de loi; il continue en ces termes : « Si Dieu ne se servait pas de nous, ni n'en jouissait, je ne vois pas comment il pourrait nous aimer? » — Mais, à part toute jouissance, il peut nous aimer par devoir, sans utilité pour son propre compte et animé d'un pur amour; n'est-ce pas ainsi qu'un bon père aime ses enfants, même quand ils ne le méritent pas? L'amitié véritable ne se fonde-t-elle pas sur le désintéressement? Du reste, nous lui servons, en entendant par là qu'en nous faisant du bien il maintient sa gloire; en effet, un être qui ne vit que pour soi se ravale. Disons donc, contrairement aux cléricaux, qu'il vit en se consacrant à nous, et voilà la perfection de sa gloire. La jouissance de la créature par le Créateur est un but indispensable à son honneur; j'ajoute : un moyen autant qu'un but, il jouit de nous pour nous, et pour nous élever à lui, voilà le but, voilà pourquoi il a toujours, même avant la naissance du premier homme, travaillé pour les hommes. Dieu est sa propre béatitude, comme il est la nôtre, il nous aime pour nous, il jouit de nous en lui et de lui en nous, tellement que sa béatitude reste immuable. Donc il jouit de nous en vue de la fin qu'il se propose et qu'il aime absolument en lui comme en nous, de la sorte sa béatitude demeure toujours dans sa fin qui se confond avec la nôtre, sans que notre personnalité se confonde. Car il jouit de nous sans nous; sa félicité est indépendante, quoiqu'il nous aime pour nous, pour notre souverain bien, fin glorieuse vers laquelle il nous porte avec amour.

Je dis que Dieu, en me faisant une loi de m'aimer par rapport à lui, m'impose l'obligation de me vouloir du bien sans bornes, parce qu'il m'aime pour moi et sans bornes : l'absolu n'en a point. Je dis que cet amour relatif humain, qui élève mon cœur au divin, possède par sa nature et ses nobles aspirations un genre de perfection conditionnelle, d'une valeur si immense, que rien, entendons bien, rien ne le surpasse. En voici le motif : l'amour absolu comme l'amour relatif, en vue de l'absolu, ont tous deux en nous les mêmes auteurs, Dieu créateur et l'homme coopérant, ainsi l'origine de ce double attachement est pareille ; en outre, ils ont le même but, le même souverain bien, en sorte qu'on est forcé de convenir qu'ils se valent, ce sont deux frères jumeaux. En effet, l'amour relatif a pour devoir de se grandir à l'infini pour posséder l'infini. Donc il doit dès maintenant chercher à devenir immense, parce que l'homme est créé pour l'infini, créé en vue de l'embrasser un jour tout entier; il s'efforcera donc, afin d'obéir à cette loi, d'aspirer vers Dieu et à un amour de lui-même qui soit sans limites. Ainsi cet amour relatif, différent sans doute de l'attachement direct au divin, mérite cependant d'être estimé à un prix si élevé, que, sous la condition expresse

de vivre pour Dieu, nous osons affirmer qu'il égale celui
que nous devons à Dieu, puisque sa fin est toujours Dieu.
Au fait, aimer Dieu ou ne s'aimer que pour Dieu, n'est-ce
pas la même chose quant au résultat? D'ailleurs, nous ne
sommes pas seulement nés pour Dieu, il nous a formés
pour nous-mêmes, en vue de nous rendre infiniment savants et infiniment heureux, à la condition que nous rap-
porterions tout à lui, qu'il serait l'attrait suprême et le
centre souverain de tous nos désirs. Condition essentielle
pour faire régner en tout et partout une admirable harmonie. Afin d'atteindre ce but supérieur à toute la création,
Dieu nous soumet à des épreuves terribles; il améliore
notre cœur par des peines continuelles qui seules ont la
vertu de nous rapprocher peu à peu de sa perfection. Ainsi
il convient d'attacher notre moi à cette fin absolue, qui a
l'efficacité d'exalter la personnalité humaine, et en résumé
lui suffit s'il sait comprendre et aimer ces grandes choses.
Si bien que nous ne devons pas aimer notre âme d'une manière limitée, puisque nous portons en germe, dans nos
flancs, une nature dont les développements sans bornes en-
serrent l'infini de leurs étreintes. Non, ma nature invisible
n'est limitée par rien, seulement elle ne puise pas sa force
en elle-même, elle est affamée de Dieu, qui seul peut la
nourrir. Par quoi, je vous prie, mon âme serait-elle bornée?
Est-ce par le monde fini? Non, puisque mon essence domine la matière. Est-ce par Dieu qui, au contraire, l'appelle
à l'infini? Si donc ma nature ne s'aime que d'une manière
finie, son amour restreint ne se trouve conforme ni à son
principe, ni à l'ordre divin, ni à sa fin immense; tellement
qu'elle refuse de répondre à l'appel de son Créateur. Concluons donc que l'amour relatif, bien compris, et l'amour

absolu, partant du même point et se proposant le même
objet souverain, règnent dans notre âme égaux en mérite
et en droit.

Malheureux homme, tu ne sais pas t'aimer, et, certes, tu
aurais extrêmement besoin de l'apprendre, afin qu'en affec-
tionnant ton être, conformément aux vraies règles de l'a-
mour, tu jouisses agréablement de tout ce qu'il y a de bon
en toi. Mais, orgueilleux, ne va pas croire que ta justice et
ta vérité individuelle sont parfaites et méritent le nom de
bonnes en elles-mêmes; non, la Vérité incréée qui remplit
ton âme et la vivifie, voilà le bien absolu, personnel à l'E-
ternel, voilà le trésor dont tu dois être fier si tu l'as acquis.
Il en est de même de ta puissance; la tienne, restant isolée, est bien fragile, le moindre accident va l'écraser, mais
joins-la à celle de Dieu, en aimant ce qui doit être aimé,
sans mélange de faux, alors tu as en ton pouvoir une force
immense, tu disposes de cette force d'emprunt à perpétuité,
comme étant à toi. Eh bien! pour goûter les délices du
divin, aie la dévorante ambition de jouir de cette force sans
égale de ton associé, reçue en toi; par là tu deviendras dans
l'avenir l'heureux possesseur de la puissance qui donne le
succès continu. Néanmoins, garde-toi d'abaisser ton moi et
de l'annihiler, comme les Pères de l'Eglise, bien à tort, te le
recommandent tant; laisse ces aveugles, pour élever et ennoblir ton être, afin d'arriver à la hauteur de celui qui se
lie à toi, et veut te communiquer libéralement sa Vérité, sa
puissance et sa gloire; lesquelles ne sauraient descendre
d'une autre cause, celle-là étant seule en soi et par soi souverainement parfaite et seule capable de nous rendre communs les biens infinis qui lui appartiennent de toute
éternité; biens qu'il nous offre de partager largement, en-

tièrement avec nous. Leur abandon, voilà sa gloire, mais
leur abondance est telle que l'Infini incréé ne se prive de
rien en donnant tout à celui qui se donne; car étant à la
fois le don et le donateur, son immensité a le privilège de
suffire à lui-même et à tous ses nombreux enfants. Cependant, puisqu'il veut bien doter si magnifiquement ses fils
et ses filles, pourquoi leur commanderait-il de s'oublier, de
s'anéantir devant lui, comme si la créature, méprisée, maudite de son Créateur, ne devait pas voir hausser son moi,
jusqu'à égaler le moi divin par participation?

Mais on ne monte pas si haut sans beaucoup de peine, on
ne gravit pas les périlleux sommets du bien sans tomber
souvent dans les précipices du mal, sans se heurter contre
de terribles souffrances, sans avoir à surmonter les âpres
difficultés qui grandissent le courage et nous rendent dignes
de la récompense. L'homme voudrait que sa vie terrestre se
passât douce, facile à suivre agréablement en coulant ses
eaux tranquilles. Il se trompe, la vie présente doit être dure,
se débattant rudement au sein de la douleur; osons-le dire,
la bonté de Dieu l'exige. — Au contraire, s'écrie-t-on, puisque Dieu est bon, pourquoi nous faire tant souffrir? —
Pour nous améliorer, pour nous rendre justes, dévoués;
tout autre moyen serait impuissant à nous conduire aux
fins sublimes auxquelles le Créateur nous destine et nous
mènera de gré ou de force.

Les droits du moi créé, ainsi maintenus, n'empêchent
pas que la personne humaine ne soit obligée de renoncer à
soi-même, c'est-à-dire de renoncer à ses passions et au bonheur tel que le monde le désire et l'envie. Oui, tu t'égares,
esprit léger, en m'accusant de me contredire, quand je professe qu'il t'est impérieusement commandé de renoncer à

tout, s'entend à ce qui passe comme le temps, pour chercher à mériter les biens souverains et la gloire qui, dans sa liberté, domine les suffrages des hommes, la gloire humaine et tous les biens terrestres qui nous échappent comme les années écoulées. Ce souverain bien suffit à tout, en renfermant en lui, non seulement la gloire et la liberté, mais, de plus, le bonheur, de plus, la puissance qu'il nous donne; ainsi, par ces dons, il comble les désirs les plus exigeants du cœur humain, qui exige tant pour être satisfait. La suffisance du souverain bien, telle que nous l'entendons, est donc évidente; si bien que cette idée fondamentale en ces matières, sans être contraire aux meilleures traditions, constitue un progrès important sur la manière dont cette question a été traitée dans les écoles de la Grèce, et dont elle est professée, encore aujourd'hui, dans les chaires cléricales.

CHAPITRE XII

Le bonheur naît et vit de dévouement, parce qu'il a pour nature et pour aliment le souverain bien, indépendant de l'homme et supérieur à son moi personnel; voilà le but infini qui prescrit à l'âme finie un amour absolu séparé de tout intérêt, c'est-à-dire ne s'aimant que par rapport à l'infini. La possession de Dieu commande le renoncement au moi et veut le cœur de l'homme tout entier; il est vrai que pour bien posséder on doit user et jouir de la chose aimée; mais le souverain bien possédé laisse toujours à l'âme la faculté d'user et de jouir de sa possession, laquelle néanmoins impose le devoir, qui sacrifie l'attachement personnel. L'intérêt ne fait qu'un et se confond avec l'individu, en sorte que, si l'individu s'oublie pour rechercher les biens immuables qui dominent le moi, dans cette direction, nous voilà désintéressés dans tous nos actes. Dès lors l'individu, visant une fin plus noble, sent que son amour le transporte au-dessus de l'utile et le fait sortir de soi par un zèle généreux, en préférant un être dont la grandeur le surpasse, et pour lequel la créature agit, travaille et sait mourir.

Nous sommes donc fondés à répéter que le bonheur prend

sa source dans le dévouement, et cette idée ne doit pas
nous étonner extraordinairement, il s'agit seulement de
s'entendre sur les mots et de clairement comprendre les lois
qui relient harmonieusement ces grandes pensées entre elles,
de manière à satisfaire les exigences de la raison et les besoins de notre nature personnelle.

Posons d'abord et avouons qu'il y a deux amours intéres-
sés dont l'un n'est pas condamnable : le premier, bas et mé-
prisable, a pour but la passion sans règle ; le second, noble
et généreux, se sacrifie au devoir et vise à la perfection ou
à la possession du souverain bien. Ce second intérêt est tout
à fait légitime, parce qu'il est destiné à se sacrifier au devoir ;
ainsi, renonçant à lui-même, il ne compte plus comme mobile
de nos actes, nous cessons d'être poussés à sa fin qui est
séparée de tout devoir, mais nous nous élançons à une fin
plus élevée, préférable à tout. Tel est également l'intérêt
de Dieu qui agit, en partie, en vue de sa perfection et de sa
gloire, mais cette utilité n'est qu'un moyen de servir le dévouement, lequel fait tout par devoir, pour le bien de la
créature et sans lui demander autre chose que son amour
qui doit nous grandir au plus haut point de la gloire suprême. Afin de monter à ce sommet, obéir à Dieu, sacrifier
tout, même l'idée de reporter quelque chose à soi, tout en
l'homme n'étant plus qu'un moyen, un marchepied qui se met
au service du devoir, lequel anéantit l'intérêt ; car cette espèce
d'intérêt ne naît que pour périr, puisqu'il se soumet à
une loi qui l'immole. Oui, il ne naît que pour périr, et cette
destinée, loin d'être un mal, est un grand bien, même en
Dieu, puisque là est l'origine du mérite qui n'existerait pas
sans cet abandon admirable ; aussi cet intérêt à immoler ne
se trouve un mal que quand il est aimé pour lui, ou quand

il ne renonce pas à soi, c'est-à-dire quand il aime sa perfection ou son bonheur pour soi. L'amour du plaisir, soit bas, soit relevé, vient en l'homme de la bête s'il est aimé pour lui-même; voilà l'amour intéressé. Du reste, tout amour, même celui du bien souverain qui ne se rapporte pas à Dieu, tombe dans le vice; ainsi l'âme qui ne sait que désirer sa propre perfection pour soi, a par là un sentiment vicieux, cette âme se fait centre et s'égare dans son orgueil. Car la perfection consiste précisément à croire et à savoir que l'homme n'est rien sans Dieu; certainement, l'homme a son mérite personnel, son moi personnel, mais à la condition expresse que tout cela se rattache à Dieu qui est pris pour fin absolue. On se tromperait en croyant voir, dans l'exposition et dans la défense de ces doctrines, des raffinements superflus ou des exagérations inutiles; loin de là, cette science est d'une utilité certaine, car nous constatons ici l'existence d'une loi à laquelle il est malheureux de ne pas savoir se soumettre. Le renoncement prêché par Jésus n'est pas autre chose.

Au dix-septième siècle, la cour et la ville ont prêté la plus vive attention à une discussion célèbre, qui s'est élevée entre Fénelon et Bossuet, au sujet de la question si importante que nous agitons ici; malheureusement cette discussion, extrêmement remarquable du reste, a jeté bien peu de lumière sur le problème ardu que saint François de Sales supposait déjà résolu de son temps, quand à notre époque il paraît encore si ténébreux à ses neveux. Et pourtant, Fénelon a raison; en religion, l'homme doit être désintéressé et, d'autre part, on ne peut nier qu'il est tenu de désirer son bonheur et sa perfection; toutefois, entre ce désintéressement qui s'oublie et ce désir qui entraîne l'âme dans un sens opposé, il semble qu'il y a là une sorte de contradiction inexplicable. Comment la faire disparaître? Voilà où gît le nœud de la difficulté. Eh bien! nous croyons délier ou trancher ce nœud, enchevêtré de complications inextricables, en disant :

L'homme doit aimer son bonheur et sa perfection, qui est sa gloire relativement à Dieu, pour lui plaire, pour lui prouver son affection en le prenant pour fin absolue de tous ses actes. Alors, dans ces dispositions, l'âme ne travaille plus pour soi, ne s'aime plus pour soi-même, ainsi elle est certainement désintéressée. Par exemple, je suppose un fils qui travaille et vit pour ses vieux parents, ce fils généreux trouve son bonheur dans son dévouement, mais son bonheur est néanmoins sans intérêt : telles doivent être les intentions, la conduite et les mœurs de l'homme religieux.

Fénelon avait osé écrire : « Il est un état habituel d'amour de Dieu qui est une charité pure, sans mélange du motif de l'intérêt propre. Ni la crainte des châtiments, ni le désir des récompenses n'ont plus de part à cet amour. On n'aime plus Dieu, ni pour le mérite, ni pour la perfection, ni pour le bonheur. » — De prime abord, en examinant cette proposition, on se sent disposé à la juger inacceptable : toutefois, prenez garde! Pour la rendre acceptable, ajoutez-y seulement ces quelques mots : si ce n'est en vue de Dieu et en le prenant pour fin. — Par cette addition tout change, l'amour du bonheur et de la perfection perd le caractère du motif de l'utilité personnelle, il cesse d'avoir son avantage particulier pour but. Ainsi cette condition additionnelle rend donc l'amour de Dieu et des biens parfaits supérieur à tout intérêt propre; si bien que la proposition de l'auteur du *Télémaque* devient juste, tout à fait recevable devant la raison et même obligatoire devant la conscience.

Quant à Bossuet, en considérant ses critiques et la va-

leur de la doctrine qu'il oppose, nous nous croyons fondé
à lui reprocher hautement d'avoir méconnu le mérite immense de l'amour pur, dégagé de tout mobile de l'utilité
personnelle. Non, ce grand mérite du pur amour, renié par
l'évêque de Meaux, François de Sales et Fénelon ne l'ont
pas trop exalté; en bonne justice, je me sens obligé de dire
qu'autant ils ont eu raison au fond, autant Bossuet a eu
tort. Certainement, il convient de faire la part de leurs erreurs, dont quelques-unes entraînent à un mysticisme dé-
plorable, et qui ont été, à bon droit, signalées par Bossuet;
mais toute la question n'est pas là, ainsi gardons-nous d'oublier qu'ils ont proclamé et courageusement défendu un
principe vrai, absolument vrai, en affirmant que l'état de
perfection implique nécessairement le désintéressement.
Sans nul doute, ils ont erré sur plusieurs points, néanmoins le principe de morale dont ils se sont faits les apôtres
dévoués, domine les siècles et résiste invincible à toutes les
attaques, qui se renouvellent d'âge en âge sous des noms
différents; attaques furieuses contre la morale désintéressée,
qui sont encore plus violentes à la fin de notre dix-neuvième siècle que dans les siècles antérieurs. Car, à notre
époque, l'armée de ceux qui poussent à la dépravation de
l'espèce humaine est devenue encore plus formidable et plus
acharnée.

Dieu est incapable d'un amour inférieur ou intéressé,
parce qu'il est incapable de rien recevoir, il ne peut que
donner généreusement à l'humanité, qu'il aime pour elle-
même et non par un vil calcul; ainsi c'est en s'aimant lui-
même et en aimant ses semblables, auxquels sa puissance
prodigue ses dons, qu'il se sent heureux. Son dévouement,
cherchant et trouvant le succès utile à tous, par le travail

généreux de sa volonté, sa volonté jouit de son pouvoir qui fait son bonheur infini. Comme il aime à l'infini, son amour va à la gloire infinie. Certainement les bienheureux l'imitent, ils font le bien sans intérêt, c'est-à-dire qu'ils ne s'intéressent à eux que dans un intérêt très grand. A nous, à notre tour, de les suivre de loin, en pratiquant ce renoncement renié par Bossuet, afin d'avoir imparfaitement notre part de ce qui les rend si heureux, si dévoués et en même temps si glorieux.

Jamais Jésus, en enseignant si impérieusement le renoncement à soi-même, ne l'a compris dans un sens différent; jamais il n'a prétendu que l'homme devait renoncer au désir du bonheur et à l'espoir de la perfection; perfection que, dans le langage évangélique, il nomme le salut, et qu'il nous montre, au contraire, comme devant être cherchée avec zèle et courage. La vie heureuse semble donc être la conclusion définitive; l'état heureux étant la voie qui conduit à l'unité suprême, l'aspiration vers cette unité fait que nous mettons cette fin hors de nous, au-dessus du moi personnel, c'est-à-dire dans l'amour séparé de tout motif intéressé, pour être un avec Dieu, c'est-à-dire infiniment heureux.

Sans doute, l'auteur de l'Evangile prescrit le renoncement complet de soi-même, et on a étrangement abusé de cette parole; car on a supposé qu'il entend par là que l'homme ne doit pas s'aimer; cependant, il dit au contraire qu'il est commandé d'aimer son prochain comme soi-même: donc chacun de nous doit s'aimer soi-même. Comment accorder ces deux préceptes qui ne sont nullement contradictoires? En professant qu'il faut s'aimer soi-même en renonçant à son intérêt propre, pour ne voir que l'intérêt de Dieu;

en sorte que l'amour de soi-même et le profit cherché pour son utilité particulière ne soit qu'un moyen de servir Dieu et sa loi, en consacrant ce profit cherché à la pratique du vrai et au triomphe du bien absolu dans les âmes de nos semblables et en nous-mêmes. Considérez la morale stoïcienne, sur la question du désintéressement absolu, elle l'exige pour obtenir le souverain bien; ainsi elle est d'accord avec la morale évangélique prêchant le renoncement à soi-même. Bref, toute autre morale n'a qu'un nom : immorale.

Mais j'entends les protestations des partisans obstinés de la morale de l'intérêt, je les entends dire : Comme il existe incontestablement en l'homme un désir inné et perpétuel de bonheur, il demeurera donc perpétuellement en lui un amour intéressé. — A cette critique répétée à satiété par les moralistes sensualistes épicuriens, il suffit de répondre : En m'intéressant à un bonheur qui est un devoir, mon intérêt se transforme en devoir, il s'oublie lui-même pour s'immoler à l'obéissance due à la loi. — Cependant, insistera-t-on, si, par un calcul intéressé, je suis le devoir, il y a bien là le mobile de l'utilité personnelle? — Nullement, car alors notre volonté lutte en faveur du bien, elle oppose une barrière aux mauvais désirs; or cette opposition est certainement de l'abnégation. Enfin, et au surplus, si, dans ces dispositions, l'âme cherche le souverain bien, son but n'est pas personnel, son ambition ne se trouve pas relative à elle-même, non, elle aspire à servir Dieu et à établir son règne. Cette dernière raison répond à tout. En somme, quand l'homme prend l'intérêt de Dieu pour le sien propre, en sacrifiant le sien, en n'aimant le sien que pour le consacrer au triomphe de la Vérité, on peut jurer que cet homme prend pour idéal le désintéressement absolu; il devient impossible à l'œil de l'envie de découvrir en lui la moindre trace d'un calcul égoïste, bien ou mal entendu, ni caché, ni déguisé. Affirmons donc que cet homme-là, dans l'avenir et même dans le présent, porterait la glorieuse couronne du renoncement parfait célébré par Jésus-Christ. Non, son ambitieux désir des joies de la vie heureuse n'offre pas à ses adversaires un motif sérieux pour nier le mérite de ce renoncement sublime, parce qu'il a besoin de ces joies pour s'assurer la possession de l'infini, destinée finale de l'âme, laquelle n'a lieu qu'en se donnant sans retour vers soi. En effet, on ne possède parfaitement une chose, soit un jardin, soit un bien quelconque, qu'en en usant et en en jouissant. Or, la propriété du bien suprême, voilà notre gloire qui, du reste, n'est rien qu'en cherchant celle de Dieu. Je veux jouir de la puissance de Dieu, alors je mets ma fin hors de moi, donc, par là, je sors de mon égoïsme.

Les difficultés pratiques d'une telle morale ne méritent pas d'effrayer un homme de cœur; la morale de saint Augustin, si on veut l'appliquer sérieusement, présente des obstacles à surmonter bien autrement pénibles à vaincre; il est vrai qu'on s'en tire par l'inconséquence; mais un homme inconséquent en morale renie tous les principes qu'il fait semblant de professer. Du reste, les doctrines des Pères de l'Eglise, qui traitent des mœurs, tendent à préconiser la contemplation exclusive; elles sacrifient les besoins et les désirs les plus légitimes, ce qui détourne l'âme de la perfection réelle, telle qu'elle doit être comprise. Par exemple, la volonté a tout à la fois le droit et le devoir de poursuivre le succès du bien et d'en chérir la victoire, sa valeur intrinsèque et sa haute destinée ne sont aucunement au-dessous de celles de la pensée et de l'amour ; ces points si importants dans la question ici débattue sont tout à fait méconnus par les théologiens des écoles du passé, ce qui les conduit à imposer des devoirs contraires aux vrais devoirs ; enfin, nuisibles à la vie sublime du désintéressement complet, qui trouve son intérêt en se désintéressant de tout ce qui n'est pas parfait.

Très vainement ont-ils prétendu, et prétendent-ils encore, que la pensée et le sentiment sont supérieurs à l'action, à la puissance qui gouverne. — Non, la puissance de la volonté, au contraire, par nature, vaut la raison, son mérite égale l'amour, parce que c'est elle qui pratique la vertu, elle qui saisit et possède le souverain bien et en jouit. Car l'amour n'est qu'une aspiration agréable, la vraie jouissance gît dans la puissance ou dans la volonté victorieuse. Mon esprit embrasserait toute la science de l'infini, mon cœur posséderait toutes les joies de l'amour profane ou divin ; si je n'ai pas la puissance, je me débats dans les luttes douloureuses de l'impuissance ; je combats dans l'espoir du succès qui me manque maintenant et qui, dans l'avenir, ne manquera jamais à mes vœux, parce que je serai uni à Dieu. — Illusions ! chimères ! s'écrieront les sceptiques. — Oui, pour ceux qui ne croient pas que nos intelligences sont destinées à envahir la Vérité dans toute son ampleur, mais pour ceux qui y croient, cette grandeur future devient une conséquence forcée.

Du reste, pour le sceptique, tout, en ce genre, est vain et ridicule ; par exemple, le désintéressement religieux lui paraît de même vain et ridicule. Il le persifle en disant : Si par intérêt je prends la vertu ou la perfection pour but, si, athée ou non, j'en fais la règle de mon esprit et de mes actes, je m'élève au souverain bien stoïque, ou à la perfection platonicienne, sans le désintéressement dont vous parlez. — Athée ou non, vous errez, parce que, dans votre supposition, vous vous faites une loi à vous-même, ce qui n'est plus une loi éternellement obligatoire; vous oubliez Dieu pour ne voir que votre personnalité et son intérêt, par là vous vous écartez du devoir et votre mérite se réduit à rien. Ce n'est pas une loi créée, imaginée par vous-même que vous devez suivre; non, c'est celle qui, étant éternelle, se trouve, par soi et par la conscience, imposée à toutes les âmes. D'ailleurs, la perfection absolue, c'est Dieu, et non celle de votre individu, qui parvient seulement à y participer; ainsi, c'est une tendance au mal que de s'aimer pour soi-même, et quand vous vous conduisez en vue de votre avantage qui se borne à vous, il y a là un vice. Bref, vous employez un mauvais moyen pour aller à une bonne fin, et vous n'y parvenez point; vous échouez à chaque pas. Animée de bons sentiments, l'âme ne tombe ni dans le mysticisme, ni dans les sécheresses d'un égoïsme rongeur; tout en suivant une voie sûre qui évite le quiétisme, tout en marchant à la lumière d'idées qui l'éloignent des dangereuses maximes des saints, elle parvient et se plaît à suivre le sublime précepte de Fénelon, qui veut que le cœur aime Dieu sans aucun motif intéressé; cependant, douée d'une force mystérieuse, elle s'élève à la puissance vers laquelle elle aspire, qui lui promet et la dotera des immenses satisfactions de la gloire. Et pourtant, répétons-le, elle surmontera l'intérêt en le surpassant, puisqu'elle fait tout pour Dieu, ce qui est en même temps tout faire pour soi-même, avec un désintéressement dont l'explication efface toutes les contradictions qu'on prétendrait y voir; on y voit toute autre chose, quand, d'un regard dominant les faits de plus haut, on comprend que l'homme ne peut se donner à Dieu sans que Dieu ne se donne; c'est-à-dire ne donne son pouvoir, qui est lui-même le Tout-Puissant, enfantant les triomphes de ceux qui le suivent. Ce don réciproque explique toute difficulté. Qu'entend-on par ces mots, Dieu se donne, est-ce sérieux ? Je dis très sérieux, car quand Dieu nous communique sa Vérité, en nous éclairant, quand, par la concordance de nos pensées et de nos souhaits avec les siens, il se trouve que sa puissance donne satisfaction à nos désirs, de cette manière il se donne ; enfin nous le possédons, quand nous possédons sa Vérité absolument; enfin, quand son amour et sa puissante volonté s'unissent aux nôtres, le souverain bien nous est accordé. Ce souverain bien, n'étant pas seulement la Vérité, mais la puissance communiquée à la volonté humaine, lui donne des forces immenses, d'une grandeur sans bornes, car rien ne borne l'union avec Dieu, rien ne limite la possession de ses forces.

Nous voici loin de Fénelon et de ses principes, et pourtant moins loin qu'on ne croirait, car en lisant ses *Entretiens* avec M. de Ramsai, nos sympathies lui reviennent. Par exemple, quand il dit que le désintéressement est « l'idée de tous les philosophes, » notamment des célèbres stoïciens d'Athènes et de Rome; quand il cite cette belle pensée de Platon : « L'homme ne peut être heureux en soi ; et ce qu'il y a de plus divin pour lui, c'est de sortir de soi par amour. » Concluons : voilà la base essentielle de la morale de tous les grands moralistes, enfin, de tous ceux qui méritent le nom de grands; toute autre morale est vicieuse; sciemment ou l'ignorant, elle enseigne le vice. Néanmoins Fénelon fait aux philosophes païens une part trop belle.

La vie religieuse ainsi comprise consiste donc dans un certain oubli de soi, dans une espèce d'abandon de soi, accompagnés cependant d'une grande envie de bonheur et d'une ambition non moins vive de la gloire. Ces deux tendances, loin de se contrarier, marchent de concert, elles se concilient par le devoir qui ordonne à chacun ces sentiments et les rend obligatoires, pour faire aspirer et élever l'âme aux fins de sa nature immortelle, laquelle n'a pas été créée dans un autre but. Voilà la loi la plus conforme à la raison et la mieux d'accord avec les ordres de la conscience qui domine de haut autant la passion que la superstition ; voilà celle qui offre à l'homme, à la fois, le juste et l'utile, et se trouve par là être aussi avantageuse pour le présent que pour l'avenir. Demander autre chose, c'est vouloir la honte de Dieu et la ruine de l'homme.

Toute cette morale vient et découle, comme conséquence logique, de la manière de comprendre la nature divine ; car si vous me dites que Dieu n'est qu'un esprit pur, immuable dans son éternité, qui doit nécessairement trouver tout son bonheur dans l'immobile contemplation et admiration de soi-même, j'en conclus que, moi aussi, je dois l'imiter, en mettant exclusivement ma fin unique à le contempler et à l'aimer en l'admirant. Cependant, voyez la différence, du moment où vous m'enseignez qu'outre son esprit éternel, Dieu possède dans son être une puissance dont la force sensible agit sans cesse pour aller au succès du bien ; alors je comprends que je dois l'imiter en aimant comme lui, non seulement la Vérité éternelle, mais également cette force sensible, fertile en bonnes œuvres, qui travaillent au triomphe du bien. Alors ma fin devient tout autre ; elle s'élève et grandit dans sa supériorité ; en effet, cette conception embrasse à la fois la théorie et la pratique, elle se montre aussi utile au prochain qu'à celui qui la poursuit ; enfin, elle est surtout glorieuse pour Dieu, au nom duquel on se dévoue. C'est ainsi que la science de la nature éternelle nous apprend que la loi divine veut que chacun de nous poursuive la puissance et la vie heureuse, dans son intelligence et dans sa sensibilité ; afin de travailler comme Dieu, c'est-à-dire avec désintéressement, pour le bien de tous, en servant Dieu selon sa volonté.

Les meilleurs philosophes de la Grèce, même dans leurs plus savantes écoles, n'ont pas connu la vraie morale, celle du désintéressement. Aristote lui-même, à qui nous devons le beau livre de la *Morale à Nicomaque*, n'a pas compris que la fin de l'homme n'est pas l'homme même ; ainsi, il s'égare sans cesse malgré son génie, parce qu'il ne perçoit pas le but divin. Voltaire et Rousseau se perdent dans les mêmes erreurs. Kant ne s'élève pas plus haut ; d'ailleurs son scepticisme gâte toute sa morale. Enfin, les positivistes de nos jours sont tombés encore plus bas, jusque dans la boue d'où on les entend vociférer contre Dieu. Il n'y a donc que les docteurs de l'Église qui aient connu et professé des principes de morale qu'on puisse sérieusement admirer et prendre pour base ; malheureusement, au milieu de leurs idées sublimes, ils mêlent une foule d'opinions fausses, de superstitions absurdes, qui défigurent horriblement ce qu'il y a vrai dans leurs principes fondamentaux. En fait de science de la morale, voilà notre bilan, nous sommes à la veille de faire faillite.

CHAPITRE XIII

En quoi consiste la jouissance ? Elle semble se résumer dans la puissance ; ainsi, plus nous pouvons réaliser notre pensée et nos désirs, plus nous jouissons, tandis que l'impuissance nous prive de la jouissance et souvent nous met dans la peine. Quand l'âme possède la puissance infinie, elle goûte la félicité infinie. L'amour de la Vérité, l'attrait pour toutes les choses parfaites ou divines nous donnent une jouissance d'espoir, qui a son prix et certes une grande valeur ; néanmoins elle reste imparfaite, se changeant souvent en déception et en peine si elle n'atteint pas son but espéré ; enfin, elle se trouve seulement préparatoire et incomplète, ne recevant le complément, auquel elle aspire, que quand elle peut réussir dans ses projets et mettre ses désirs à exécution.

En l'homme la jouissance commence par l'attrait et l'amour, se continue par le désir et trouve sa fin plus ou moins heureuse par la volonté destinée à commander au pouvoir exécutif de satisfaire les tendances de la nature humaine. En Dieu la jouissance paraît devoir procéder des inclinations de l'amour d'où, en passant par le désir, elle arrive aussitôt à la volonté, dont la puissance contente immédiatement, au moment où elle le veut, ses souhaits. Ainsi, en lui tout est parfait et l'a toujours été, car toute joie, au moment même où elle naît, gagne l'infini, tellement qu'avant la création, sa félicité éternelle règne dans l'absolu. Quant à nous, êtres imparfaits, l'absolu est loin devant nous. Néanmoins, malgré nos déboires réitérés, nous apprenons à atteindre la puissance qui sait toujours réussir en servant Dieu, et nous en jouissons accidentellement, en attendant que nous en jouissions constamment et infiniment.

L'union avec le divin et la possession du souverain bien sont des attachements d'une nature permanente, mais la jouissance a besoin de changer d'objet tout en restant parfaite; ainsi Dieu a joui en créant les belles et harmonieuses grandeurs de l'univers, puis en créant l'homme qu'il aime assez pour le destiner à l'unir à lui, il se félicite de nos progrès en nous entraînant vers cette union bienheureuse. Car il se prend constamment pour fin de tous ses actes; voilà pourquoi son bonheur reste infini, bien qu'il soit varié, par ses œuvres généreuses. Les théologiens cléricaux prétendent que Dieu ne jouit que de lui, que de ses perfections infinies; par là ils renferment la Divinité dans le cercle étroit d'un égoïsme sans cœur, cercle où l'esprit tourne sans cesse dans une monotonie ennuyeuse qui ne ressemble nullement au bonheur. Sans doute, la félicité divine ne saurait ni grandir, ni diminuer, mais sa puissance, produisant tantôt un bien, tantôt un autre, donne à sa vie l'agréable variété des jouissances, lesquelles sont égales et toujours aussi immenses, car, sortant de lui pour retourner à lui, elles sont toujours infiniment parfaites. Il va de soi que l'homme doit

chercher à opérer en son sein des actes semblables, en vue
de partager le dévouement divin, sa puissance et sa vie
heureuse. On a donc eu tort de mettre la fin de l'homme
dans l'amour, elle est dans la volonté victorieuse, autrement dit heureuse, par la possession de la puissance divine,
à laquelle il est appelé à participer; oui, les moralistes anciens et modernes, qui ont proposé pour but ou pour souverain bien à leurs disciples, soit l'intelligence, soit la vertu,
soit l'amour, en oubliant la puissance, ces moralistes se
sont jetés dans l'erreur et y ont précipité ceux qui les ont
suivis.

Abordant une nouvelle face de la question, nous disons
que l'âme, en s'aimant et en jouissant d'elle, par rapport à
Dieu, possède Dieu et ses attributs proportionnellement à
son intelligence de l'absolu et à son attachement au divin,
car sa connaissance se confond avec soi-même, comme sa
volonté se confond avec sa personne; ainsi, cette possession
ne faisant qu'un avec l'âme, a pour essence l'homme possédant l'absolu et Dieu possédé. En conséquence, l'âme a le
droit et se sent le devoir de s'aimer et de jouir d'elle-même
par rapport à Dieu, autant qu'elle aime et qu'elle jouit de Dieu
par rapport à lui; par là la volonté connaissant, aimant et
jouissant n'est pas autre chose que la possession agréable de
la puissance à laquelle elle est obligée de s'attacher fortement. Conçoit-on qu'il en soit autrement? Non, certes, comment jouirais-je de Dieu sans jouir en même temps et également d'une jouissance personnelle bien à moi? Dans ces
conditions, la jouissance de son pouvoir personnel se trouve
être très légitime, elle prend même le caractère de l'obligation morale, puisqu'en jouissant de ce pouvoir relativement à Dieu, l'âme s'unit à Dieu. Donc, il y a un oubli de

soi-même que la conscience nous donne le droit de condamner, tandis qu'il y en a un autre qui, bien compris, acquiert une excellence dont le mérite a droit au bonheur.

Par exemple, l'amour inné, instinctif, primitif, avec lequel je m'aimais d'abord pour moi, dans l'ignorance du devoir, cet amour égoïste doit être vaincu, et paraît destiné à périr, comme venant de l'animal, tandis que le second, j'entends l'amour de moi et de ma puissance particulière se rapportant à Dieu, étant parfait, demeurera immortel; et voilà celui dont je dois jouir, autant que de cet autre ou du troisième dont l'ardeur cherche Dieu immédiatement, ces deux, le direct et l'indirect, étant égaux en excellence et nous portant également au souverain bien. Mais cet amour immortel, devenu inséparable de mon être, c'est moi; je puis donc m'aimer infiniment, comme Dieu aussi m'aime infiniment (voy. ch. XII°); enfin jouir de moi et de mes biens absolus, relativement, mais immensément, puisque Dieu m'a voué à l'infini et qu'il se propose de m'unir à lui dans l'unité ou l'égalité; car il n'y a point d'union parfaite sans cette sorte d'égalité. L'espèce d'égalité qui reliera complètement le créé à l'incréé n'empêchera pas ce dernier de rester toujours mon supérieur ou mon Père; la cause incessante et agissante qui me communique le souverain bien, cause souveraine sans l'action de laquelle je m'évanouirais comme un songe. Suis-je mon bien? Nullement, lui seul, voilà mon bien. Par lui, par les dons généreux que cet être magnanime répand en mon âme, je deviendrai son égal en intelligence, en puissance, en félicité; mais non en nature, en puisant ma force en moi, non en infinitude, non en droit, non dans une perfection ne relevant que de moi, non absolument; créature finie en face et vivant de l'infini,

je demeurerai à jamais un être relatif, serviteur et enfant
allaité du sein créateur qui me nourrit de sa substance,
sans laquelle je ne serais rien, pas même une ombre. Une
foule d'hommes prétendent se passer de Dieu ; mais, en réalité, ils ne s'en passent pas, puisqu'ils ne peuvent penser
sans lui, sans sa lumière qui les éclaire au moment même
où ils le nient effrontément.

Ces raisonnements nous conduisent à poser en principe
que l'homme doit diriger ses principes et chercher son bonheur dans trois voies différentes, bien qu'elles tendent au
même but, la puissance : ainsi il est tenu d'aimer Dieu directement, d'en jouir absolument ; en outre, il est obligé
de s'aimer soi-même, de jouir de soi-même et du prochain
relativement à Dieu. Ces deux secondes manières de jouir
ne reposent aucunement sur une idée vaine et chimérique ;
il y a là un fait expérimental qui peut chaque jour se con-
stater et se comparer ; une foule de cas analogues sont
observables dans le monde et témoignent positivement en
faveur de l'opinion émise ici. Comme exemple, ne voit-on
pas le soldat transporté de joie en contribuant aux victoires
de sa patrie ? Ne voit-on pas un ami se féliciter de l'élévation de son ami ? un fils jouir de la gloire de son père ?
D'abord, parce que ce fils aime celui dont il descend, il en
jouit encore comme y participant et par une satisfaction
personnelle. Il serait facile de multiplier les citations de
faits semblables. Pareillement, la créature a reçu l'ordre
d'aimer la glorieuse puissance de son Père céleste, en lui
portant une affection absolue ; puis encore elle se sent obligée d'aimer cette gloire par un amour personnel, pour sa
part et portion, surtout quand elle a contribué aux bonnes
œuvres qui font éclater la puissance céleste ; mais toujours

relativement à son Père, afin d'employer sa gloire personnelle à la gloire infinie du Père.

Cette jouissance en participation ou par rapport à un autre être plus grand que soi, et dont nous sommes les fils reconnaissants, cette jouissance produit des sentiments très agréables et très louables, qui n'ont rien d'anormal, rien d'incorrect; on peut remarquer partout, dans l'histoire et dans le monde, des exemples frappants de cette jouissance en participation. Il est donc faux qu'un être ne puisse jouir parfaitement de la puissance infinie qu'en l'aimant, en s'oubliant totalement soi-même; non, il en jouit encore en la possédant lui-même en vue d'un autre être, en la mettant au service de cet autre être avec lequel il s'unit de pensée et de cœur. Quant à jouir pour soi en rapportant tout à soi, c'est là un vice qui tourne bientôt en douleur. Résultat nécessaire, car l'homme n'est nullement fait pour vivre en vue de soi; destiné à donner sa vie à celui qui l'a créé, par ce don seul il mérite le bonheur qui, sans cela, le fuit. Toutefois, la sainte idée de ce don obligatoire a entraîné les moralistes catholiques à beaucoup d'opinions aussi fausses que malheureuses, ayant pour but d'abaisser l'homme jusqu'à la haine du moi, jusqu'à la réduction de la personne humaine à l'absurde. Ces dangereuses erreurs ont fait le tourment de bien des âmes; éperdues en voyant qu'elles se trouvaient impuissantes à arriver à l'anéantissement de leur moi, elles ont désespéré d'elles-mêmes et de Dieu. Voilà comment souvent en croyant aller au bien on se jette dans le mal le plus extrême. Et on s'y jette fatalement quand on croit qu'il ne faut pas aimer Dieu pour en jouir, — système quiétiste; — quand on croit qu'on ne doit pas jouir de soi par rapport à Dieu, — système augustinien. Mais il faut croire que l'âme doit s'aimer et jouir de la science et de la puissance relativement à Dieu, alors l'homme se désintéresse de lui-même, il marche dans le vrai et dès maintenant il jouit d'un grand espoir.

Dans le monde trois morales bien distinctes sont en présence, luttent entre elles et se disputent la victoire des esprits : deux paraissent contraires au vrai et blâmables en certains points, mais à des degrés très différents. Commençons par flétrir celle d'Epicure, d'Helvétius, de Bentham, des positivistes nos contemporains et de leurs pareils, qui enseignent que chacun doit chercher uniquement et toujours son intérêt propre, jouir de soi et de ses avantages en rapportant tout à soi. Quant à la seconde, c'est-à-dire à la morale qui fit son apparition aux premiers siècles du christianisme triomphant, en altérant sensiblement les principes de Jésus ; son triomphe et son règne ne furent pas sans gloire, gloire, du reste, bien méritée. Mais, après avoir constaté qu'elle a rendu à l'humanité d'immenses services, cherchons à éviter les fautes graves où elle est tombée ; outre beaucoup de détails, allons au fond en remarquant qu'elle s'égare fortement lorsqu'elle professe que l'homme doit s'oublier absolument, s'anéantir entièrement au profit de l'amour divin et peut-être d'intérêts inavouables, mais enfin il est surtout, et par-dessus tout défendu de *jouir de soi*, jamais de quelle manière ce soit. Cette doctrine, si opposée aux meilleures tendances de notre nature la meilleure, contraire aussi certainement aux traditions bibliques, se trouve positivement professée par tous les docteurs qui font autorité dans les écoles catholiques : pour eux la créature *ne doit jouir que de Dieu*, et seulement par une contemplation qui admire et qui aime. Sans doute,

les augustiniens admettent bien que l'homme doit s'aimer
relativement à Dieu, et encore dans un sens restreint, qui
nous semble inacceptable, mais ils ont bien soin de défendre expressément à l'âme humaine de jamais jouir ni d'elle-
même, ni de ce qui est créé, Dieu absorbant tout ; ils lui
permettent uniquement d'user de soi et du prochain, con-
sidérés comme instruments subalternes, mais, dans tous les
cas, indignes de faire ressentir au cœur, vraiment pur, soit
de Dieu, soit de l'homme, la moindre joie religieuse. Cette
condamnation si froide de sentiments excellents a eu pour
conséquence très logique, tirée par de grands moralistes,
d'interdire à l'homme le désir du bonheur et des joies les
plus légitimes ; enfin, tout cela conduit à des abîmes ef-
frayants où s'engouffrent chaque jour quantité de bonnes
âmes, qu'il importe de désabuser.

Au surplus, remarquons que de tels principes sont impra-
ticables, ils imposent une loi impossible ; jamais, ni les
meilleurs philosophes, ni les prophètes, ni Jésus, ni les
chrétiens du premier siècle, jamais ces sages n'ont enseigné
rien de pareil ; empêcher un homme de jouir d'une gloire
méritée, de son âme, de l'amitié, cela est insensé. Certainement le dévouement absolu est obligatoire, ne l'oublions
jamais ; cependant, où voit-on que l'Evangile ait pensé à
défendre la jouissance de la gloire promise à l'âme du juste?
«Réjouissez-vous, dit saint Pierre, d'une joie glorieuse. »
— Et saint Paul répète sans cesse : « Je me glorifie. » —
Si vous condamnez la jouissance de soi-même, comment
est-ce possible ? — Quant aux créatures, doit-on en jouir?
Voyons en ce point ce qu'écrit ce même saint Paul. —
« Mon frère, je jouirai de vous dans le Seigneur » (Phil., XX).
Donc il entend que l'homme peut légitimement jouir de la

créature; toutefois il ajoute : dans le Seigneur; en effet, voilà la condition finale de toute joie, sans en excepter aucune. Ce passage, si remarquable, condamne la doctrine de saint Augustin, d'après laquelle on ne devrait jouir que de Dieu; néanmoins Augustin le cite en employant le mot *jouir*. Thomas d'Aquin le reproduit à son tour, en approuvant l'idée de l'apôtre; cependant, ces deux docteurs ne s'aperçoivent pas qu'il contient une maxime et un enseignement en opposition formelle avec la morale qu'ils professent si dogmatiquement. Pour l'auteur de l'Evangile, comme pour nous, la jouissance de la puissance et de la créature raisonnable en vue de Dieu porte en soi une délectation absolument parfaite; voilà la vérité qui ressort de tous les textes et notamment du passage de l'apôtre. D'ailleurs, pourquoi, je vous prie, Jésus promit-il à ses apôtres la puissance et la gloire s'il leur défend d'en jouir dans leurs personnes? Tout s'explique quand on reconnaît que le renoncement à soi-même se résume dans le sacrifice de ses passions humaines, et non dans le renoncement au bonheur surhumain qui vient de Dieu; et pourtant ce bonheur supérieur n'exclut pas la jouissance de l'humain prise relativement au divin.

Cet enseignement, d'une tradition si imposante, se trouve d'accord avec ce que je sens au fond de mon être, car je sens et j'affirme que je ne puis jouir de Dieu sans jouir de moi-même, et de mon âme autant que de Dieu, quoique d'une manière différente; parce que l'attrait pour Dieu, c'est mon cœur qui l'éprouve proportionnellement à mon attachement personnel; plus je jouis de Dieu, de sa Vérité infinie, de son pouvoir considéré en lui, plus je jouis de moi, de ma part de Vérité reçue, possédée et de pouvoir transmis. Il importe de se rendre compte de ce qui se passe au sein de ces opérations intérieures. Eh bien! je ne puis jouir réellement de moi, ce moi spirituel étant bien compris, sans jouir simultanément de Dieu, dans le cas même où la pensée de Dieu ne me serait pas présente. Par exemple, que je jouisse d'une grande vérité religieuse ou non, il y a là une délectation de la Vérité éternelle au défaut de laquelle je ne verrais rien, quoiqu'il soit supposé que, dans cette circonstance, je ne pense ni à l'être divin, ni à son nom. En effet, que signifie l'expression de cette idée jouir de soi conformément au devoir? Comme ma nature, par cette règle, doit se concevoir séparée de toute passion, cette idée signifie uniquement et exactement jouir des dons reçus et venant du divin; ainsi de la Vérité, mère de l'amour et de la puissance, Vérité reflétée dans la raison humaine par l'éclat de laquelle nous voyons les choses éternelles, et qui restent cachées aux instincts intelligents de la chair; Vérité qui nous associe à Dieu et nous fait participer à la force immense motrice du monde. Ainsi aimer notre âme ne saurait être que l'acte qui nous fait éprouver de l'attrait et un plaisir surhumain en nous unissant aux idées infinies, lesquelles donnent aussi naissance à la volonté victorieuse dont l'origine remonte au divin. Donc s'aimer soi-même raisonnablement est-ce sympathiser avec ses passions? Il s'en faut de beaucoup, car alors, et cela arrive souvent, on s'unit à l'animal, c'est-à-dire à son ennemi qui est loin d'être soi; non, quand une âme s'aime soi-même, d'une manière convenable et louable, elle aime Dieu, ses désirs sympathisent avec lui, et le créé jouit de sa personne en même temps que de la personne incréée; sa joie se trouve doublée d'un double amour, d'un double pouvoir, l'un personnel, l'autre impersonnel. Enfin, je le répète, impossible de jouir des attributs de Dieu sans jouir également des siens propres, et la réciproque est également vraie. Vous exigez l'impossible en voulant que je m'oublie totalement, vous me prêchez un anéantissement auquel vous-même vous n'arriverez jamais; malheur à qui vous écoute ; dans l'égarement où vous le jetez, il se prive des joies les plus légitimes, celles auxquelles la voix de Dieu l'appelle, et, dans son désespoir, il fuit le souverain bien vers lequel pourtant il se sent attiré par la conscience.

Néanmoins, on se récrie bien haut en rappelant que Jésus ordonne de renoncer à soi-même, entièrement, totalement, ce qui légitime et sanctifie les doctrines de saint Augustin ; on se récrie encore en célébrant le grand mérite des Pères de l'Eglise, dont la gloire la plus sublime consiste surtout à avoir professé le principe qui veut que l'homme se donne tout entier à Dieu, sans nulle réserve. — Fort bien, cependant, d'abord, ne nous confondez pas avec ceux qui méprisent la gloire éclatante et si méritée des Pères de l'Eglise ; mais nous y remarquons des taches, et notre devoir est de les signaler. Au surplus, voyons ce que signifie exactement la pensée évangélique. Que veut-elle dire? Elle entend, ce semble, que l'homme doit sacrifier ses passions, et qu'il est tenu de renoncer fermement à tout ce qui le détourne de l'union avec Dieu ; qu'il combatte donc, en bravant la douleur, tout ce qui l'éloigne de la perfection finale vers laquelle Jésus l'excite ; qu'il monte avec courage à travers les peines de la vie. Néanmoins, Jésus nous parle, à chaque page de ses éloquents discours, d'un bonheur à mériter, d'une liberté à conquérir et enfin d'une gloire éclatante à obtenir. Est-ce là négliger les droits de la personnalité humaine, et y découvre-t-on surtout l'anéantissement du moi? Non, mille fois non, voyons-y, au contraire, l'exaltation du moi. Eh bien! tout se concilie, tout s'explique si l'homme s'aime, s'il cherche le pouvoir, le succès et la gloire par rapport à Dieu. Et voilà comment la morale religieuse, outrageusement persiflée par les voltairiens du dix-neuvième siècle, insultée par les positivistes qui occupent aujourd'hui le haut du pavé, voilà comment la morale, qui prend Dieu pour fin, est remise sur ses vraies bases.

Les esprits qui se piquent de louer sans réserve les doctrines des Pères de l'Eglise, sont unanimes pour admettre et admirer le chapitre XXI° du premier livre de *la Doctrine chrétienne* de saint Augustin; ce chapitre est intitulé : « Il ne faut jouir que de Dieu. » — Voilà une idée qui, depuis des siècles, a paru sublime à d'innombrables personnes, et pourtant, si on y réfléchit, on reconnaît qu'elle exprime une absurdité. En effet, on ne trouve rien de pareil, ni dans l'Evangile, ni dans les écrits des premiers chrétiens, ni dans la philosophie antérieure ; cela est aussi nouveau que faux, l'innovation n'a rien d'heureux. Du reste, nous venons de prouver que l'homme ne peut jouir de Dieu qu'en jouissant de lui-même; comme le brave soldat qui se sacrifie pour la gloire de sa patrie jouit de cette gloire pour laquelle il combat et meurt, tout en jouissant en même temps de la sienne propre. Cette double aspiration est ce qu'il y a de plus légitime ; les moralistes qui condamnent de tels désirs méconnaissent nos vraies destinées ; évidemment, Dieu ne nous refuse pas de jouir de la puissance et de la gloire. Ces moralistes à courte vue ne savent pas que je ne puis pas jouir de Dieu sans éprouver, comme tous les hommes, une joie intérieure bien à moi, qui se confond avec ma personnalité, ou qui est moi-même, sentant et me délectant, dans la puissance partielle que ma volonté puise dans son union inséparable avec le divin, comme le soldat ne sépare pas sa gloire de celle de son pays. Pareillement, quand j'aime ma mère, c'est pour elle et pour moi, pour ma satisfaction individuelle; quand je cherche et que j'obtiens de la gloire pour mon père ou pour mon fils, je la partage; quand, reportant tout à Dieu, je jouis de moi, de mes succès en l'emportant dans une cause juste, les deux jouissances, celle de moi et celle du sentiment de Dieu en moi, sont simultanées; jamais ces deux choses ne sont séparées. Rien de plus évident. Et même si elles sont séparées, alors il n'y a plus de joie parfaite; l'âme s'égare dans le vide, elle se perd alors dans son égoïsme.

Mais l'esprit se troublera-t-il, l'âme s'égarera-t-elle dans le vide, se perdra-t-elle dans le néant de ses pensées, en s'unissant à notre espoir, en s'élançant dans la voie qui conduit au but marqué digne de tant d'envie? Eh bien! non, car alors ils aiment, ils s'animent, ils jouissent de tout cœur en vue de quelque chose d'excellent qui est au-dessus d'eux; ils vivent dans la liberté d'un détachement sublime en goûtant une gloire à laquelle rien ne manque : ni la puissance, ni la science, ni l'inépuisable satisfaction du désir qui ne peut nullement ambitionner la moindre chose au delà, puisqu'il possède l'infini dans son âme et le succès continu dans ses actes vainqueurs du mal.

CHAPITRE XIV

LA PUISSANCE TOUJOURS VICTORIEUSE, VOILA LE BONHEUR

Pouvoir c'est jouir, et de l'impuissance vient la souffrance ; l'âme humaine se suffira à elle-même et sera absolument heureuse quand elle pourra toujours ce qu'elle voudra. Nous dirons comment. Selon nous, le bonheur se confond donc avec la puissance qui, dans la génération des facultés, procède de la volonté et a pour mature la sensibilité, nous entendons celle qui est séparable de la chair. Ainsi il convient de distinguer les plaisirs parfaits pris dans le vrai et dans les conséquences du vrai, des plaisirs animaux qui tendent à nous entraîner au mal par la concupiscence ; les plaisirs parfaits sont ceux qui trouvent le succès du bien par la puissance agissant conformément à la Vérité, laquelle, en parvenant à ses fins légitimes, jouit de sa force. Les plaisirs animaux prennent leurs satisfactions dans la chair, ce qui comprend, outre la volupté des sens mêlés au corps, les contentements de l'orgueil et de la vanité qui se complaisent dans de faux triomphes. La vraie victoire qui donne les joies pures est celle qui s'obtient en joignant nos efforts à ceux de celui dont la volonté puissante, en gouvernant selon les lois de la Vérité, arrive toujours au but glorieux de la victoire heureuse pour tous, à laquelle il est offert à chacun de coopérer pour jouir délicieusement de l'honneur dû aux œuvres du juste.

De nombreux et grands théologiens, esprits pourvus de la plus haute science religieuse, ont mis le bonheur dans l'amour pris pour fin; mais l'amour, soit de Dieu, soit de la vertu, ne suffit pas à lui-même; il n'est pas un but terminal, puisqu'il aspire sans cesse au delà; l'âme désire donc un autre objet qui lui donne satisfaction. Cet objet, absolument désirable, est un; il n'y a qu'un souverain bien, il n'y a qu'un bonheur, autrement nous serions divisés dans la poursuite de la fin heureuse. Cette fin, selon nous, se trouve dans la puissance sûre du succès; on voit qu'il importe extrêmement de déterminer quelle espèce de puissance il faut aimer et comment, c'est-à-dire de quelle manière il convient de la chercher. La foule des humains, par un instinct qui ne la trompe qu'à moitié, convoite la puissance, n'importe laquelle, soit celle de la richesse, soit celle attachée aux places et aux honneurs; et pourtant, ce sont là de petits moyens, si insuffisants qu'ils laissent l'homme dépendant et à la merci des revers, enfin sujet à mille maux. Voyons s'il n'existe pas une puissance souveraine, supérieure aux hommes, à laquelle nous devons énergiquement attacher notre être. Nous avons déjà dit que cette puissance, propre à nous guérir de tous nos maux et destinée à être conquise, se gagne par l'accord avec Dieu; examinons la valeur de cette idée.

La joie est en germe dans l'amour, ce germe se développe dans le désir, mais le fruit qui doit satisfaire et délecter complètement l'homme en le rassasiant ne mûrit que dans la sensibilité dont la force accomplit les vœux de la volonté, qui n'est qu'un désir indépendant, séparé et libéré de l'amour. Du reste, le bonheur est un lien nécessaire à l'alliance, à l'union parfaite avec Dieu, car on ne s'allie étroitement et intimement à l'ami que quand on y rencontre les délices du cœur. Par devoir, même en se désintéressant de tout et uniquement en vue de Dieu, nous sommes donc obligés d'ambitionner la vie heureuse, en la tenant exempte de toute mauvaise passion. Aussi l'âme, sentant que là est sa destinée, s'y élance avec l'ardeur du feu ; et, en effet, lorsqu'elle se sera rendue digne d'une si haute récompense, en ce jour elle aura atteint ce qu'elle envie si avidement ; mais, auparavant, il faut que ses pensées et ses sentiments soient arrivés à la science et à l'habitude qui nous mettent en rapport harmonique avec la volonté de l'Eternel, car son appui nous est acquis par notre union avec sa puissance dont nous partageons alors le bonheur. Du reste, Dieu a toujours été assez puissant pour donner satisfaction à ses désirs ; tellement que rien n'a jamais manqué à la félicité infinie dont la nature ne se sépare jamais de l'infini bonheur et ne fait qu'un avec lui. Ainsi, conquérir le bonheur revient à conquérir Dieu, conquête étonnante, sublime, et pourtant, sans elle, la vraie vie heureuse n'est qu'un songe menteur, une déception cruelle.

La jouissance complète qui remplit le cœur sans y laisser de vide s'obtient ou, disons mieux, s'obtiendra par le contentement de l'intelligence et de ses attributs, l'imagination, l'amour et le désir, puis par la satisfaction de la volonté et, en outre, par celle de la puissance qui, en arrivant au succès légitime, comble à la fois les vœux des trois facultés qui forment l'être entier. La jouissance se forme et s'achève donc absolument dans la faculté exécutive, dont la force réalise dans les faits les vœux de la volonté. Voilà ce qu'on n'a pas généralement compris ni dans le platonicisme, ni dans le christianisme ; voilà comment on s'est trompé, chose capitale, sur la fin de l'homme. Ainsi on a exalté outre mesure l'amour théorique ou spirituel pris comme fin exclusive, l'élevant à tort au-dessus de la volonté active et de la pratique. Par exemple, le bonheur tel que l'ont conçu les platoniciens, les aristotéliciens, les stoïciens, les théologiens cléricaux, est exclusivement théorique ; pour eux, l'acte heureux ou malheureux ne compte pas ; mais le résultat pratique, réalisant les vœux du cœur, est aussi bon, aussi utile, aussi agréable et même plus que la contemplation et toutes ces subtiles idées qui se perdent dans leurs illusions, parce que l'application ne vient pas confirmer leurs aspirations. Le stoïcisme lui-même et les doctrines modernes de Kant nous prêchent une morale pratique qui aboutit au suicide moral et physique ; tous ces théoriciens exaltés, méprisant les faits les plus certains, mutilent et torturent la nature de l'homme avec rage ; leur idéal est si faux que je le déclare odieux.

Non, malheureux sophistes, ni l'intelligence, si grande qu'elle soit, ni l'amour, si pur qu'il soit, ni la contemplation, si sublime qu'elle soit, ni la vertu, si admirable qu'elle soit, ne suffisent à aucune âme du monde présent ou futur ; que faut-il pour la contenter ? Il lui faut la puissance dont les résultats, en sachant lui plaire, comblent l'immensité de son amour et de ses désirs aussi immenses. Mais de quelle puissance entendons-nous parler ? De celle que Dieu nous communique, et non de celle que nous trouvons soit en nous-mêmes, soit dans la famille, soit dans la société

humaine; la bonne est unie à l'absolu et puise en lui toute
sa force. L'amour, dépourvu de ce levier qui soulève l'u-
nivers à son gré, vit dans l'impuissance pénible, parce
qu'elle engendre perpétuellement des besoins qui exigent la
possession de biens que l'amour, à lui seul, est incapable
de donner; tandis que la volonté parfaite, quand elle en-
gendrera en nous un pouvoir humain suffisant, et notez
qu'il deviendra suffisant lorsqu'il coopérera avec Dieu; eh
bien! ce pouvoir remplira toute l'attente de nos désirs.
Voilà pourquoi tous les hommes, grands ou petits, savants
ou ignorants, voient plus ou moins clairement qu'il leur
importe beaucoup de rechercher la puissance quelle qu'elle
soit; aussi la plupart courent après l'argent, après les
places et les faveurs; quelques-uns, plus sages, savent que
c'est un don qu'il faut attendre de Dieu. Séparés de la Vérité, la puissance a pour nous ses jours de haute faveur et
ses moments où elle nous abandonne, ce sont là des épreuves
de tous genres; mais, séparés, elle nous laisse bientôt tomber
et finir misérablement. Le vrai et solide pouvoir de l'homme
ne vit que de celui de Dieu.

Saint Augustin, génie admirable, et ses plus illustres disciples, nous parlent sans cesse de l'union avec Dieu; certes,
je les loue de cette noble préoccupation, mais ils oublient
toujours que, dans l'impuissance du désir et la déception de
la volonté, cette union, dont ils nous parlent et comme ils la
comprennent, demeure vaine et nous plonge dans la tristesse. Car l'impuissance est certainement un défaut privatif,
et tout défaut en l'homme vicie ses sentiments et trouble
l'accord avec Dieu, ce qui, bon gré mal gré, nous fait vivre
dans le désordre. Pour en sortir, cherchons à nous rendre
capables de réaliser les vœux de la volonté, cherchons à nous

élever à l'ordre supérieur et harmonique de la vie parfaite. Mais il s'agit toujours de savoir par quelle voie, par quels efforts l'homme parvient à se rendre digne de partager ce bien extraordinaire qu'on nomme la puissance souveraine ? — Nous disons par le mérite et la vertu : voilà, certes, une vérité banale, vieille comme le monde, mais nous la rajeunissons en expliquant comment cette vertu produit l'association heureuse du créé avec l'incréé, si bien que ce dernier nous communique sa force qui nous grandit jusqu'à l'absolu.

Les résultats de cette association admirable sont infaillibles, puisque la vertu ainsi entendue nous met dans une entière correspondance de pensée et de désir avec Dieu, dont la volonté, toujours faite, toujours régnante, abaisse les obstacles devant elle comme devant nous, pour mieux régner et nous faire régner avec lui. Que de conséquences sans bornes ! L'esprit ose à peine plonger dans les profondurs de ces conséquences ; et pourtant on n'aurait le droit de les contester qu'en niant audacieusement soit l'immortalité de l'âme, soit son bonheur parfait dans le ciel ; autant nier Dieu, mais ce droit, on ne l'a pas. Du reste, la prétendue félicité des platoniciens chrétiens, à laquelle il manque la participation à la puissance absolue et au gouvernement du monde, n'est qu'une félicité illusoire ; en réalité, elle serait malheureuse dans l'avenir, et dès maintenant elle conduit aux aberrations du mysticisme. Vous supprimez, vous repoussez la jouissance du pouvoir et de ses succès, comme indignes des âmes pures ? Alors vous donnez des joies futures l'idée la plus triste, la plus répugnante ; alors vous nous proposez d'aspirer au néant. Visons ailleurs, et comprenons bien en quoi consiste ce pouvoir légitimement envié dont les joies sont si grandes; et surtout n'oublions pas que, sans l'amour pur, il n'y a point de vie parfaite. Enfin, sachons encore, ce qui est essentiel, que ce pouvoir humain n'est qu'une délégation du surhumain au nom duquel nous l'exerçons; en sorte que l'homme, dans ces conditions supérieures, agit comme délégué de l'autorité infinie; il met uniquement sa gloire à servir avec dévouement le souverain universel, et ce sentiment rend cette gloire encore plus belle.

Le mérite absolu se confondant, comme identique, avec l'amour désintéressé absolu, il en résulte cette influence admirable qui conduit l'homme à se sentir lié, sa vie n'a plus l'indépendance de la vie déréglée du caprice, ni la licence de l'intérêt affranchi de toute loi, car l'intérêt n'en connaît aucune; cette vie, soumise dans toutes ses intentions, n'est plus qu'une abnégation obéissante, par là elle marche avec amour et docilité dans une voie étroite mais sûre. Toutefois, il arrive que cet esclavage volontaire est le moyen infaillible de nous associer à la liberté et à l'autorité du vrai pouvoir qui, dans l'avenir, nous garantira le succès persévérant en toutes choses. Voilà comment, en nous réglant sur la Vérité éternelle, son gouvernement nous dote ou plutôt nous dotera de ces jouissances qui font que nous nous suffisons à nous-mêmes, tout en goûtant le fruit des victoires continues de la Divinité sans la moindre interruption. Nous les obtiendrons avec elle, si bien qu'alors, portés sur les ailes de la félicité, les douleurs de la déception ne nous atteindront jamais.

Le succès étant en soi un fait variable, changeant comme le monde qu'il remue, l'esprit se surprend à se demander s'il est toujours bon, toujours heureux, toujours parfait quoique changeant? — Selon nous, celui que l'homme trouve ou trouvera dans l'union avec Dieu n'est pas inférieur à la pensée la plus vraie, pas moins estimable que la vertu la plus pure. Comment Dieu veut telle chose dans des vues nécessairement excellentes, je la veux avec lui et elle se trouve obtenue. Eh bien! je dis que ce succès obtenu vaut la volonté qui l'obtient; d'autant plus qu'il est perpétuel, continu, semblable à l'effet généreux de l'âme parfaite qui le produit dans un but parfait. Bref, l'application égale la théorie, et les œuvres heureuses, dans leurs bons résultats, valent les sentiments les meilleurs et les plus spirituels. On prétend en Sorbonne, on proclame avec une ardente conviction que Dieu et son bonheur sont immuables, absolument invariables. Il y a scandale à contester cela. — Certes, nous le reconnaissons en ce qui regarde l'intelligence divine absolument immuable; oui, sa Vérité est essentiellement immanente dans son éternité, mais sa volonté et sa force sont essentiellement variables, puisqu'elles font tantôt une chose, tantôt une autre, agissant de diverses manières selon les besoins si différents de la création et des créatures. Si Dieu ne trouvait pas le bonheur dans sa puissance qui s'emploie à des actes dissemblables, en se mouvant pour mouvoir et en prenant pour terme de ces mêmes actes la réussite, où le chercherait-il? Concentré en lui-même, il ne serait qu'un égoïste, vivant uniquement par la délectation de ce vice odieux. Elevons-nous à des pensées plus nobles et croyons bien que son bonheur consiste à travailler à faire des heureux, croyons qu'il met sa félicité dans la variabilité active de son dévouement à l'humanité, laquelle forme la nombreuse famille de ses enfants chéris; pour eux, ouvrier infatigable, il emploie sans relâche toutes

les forces de son cœur aimant et celle de ses bras laborieux.
Voilà sa gloire!

Alors que nous donnera-t-il? Il nous donnera ce qu'il y
a incontestablement, ce qu'il y a de plus grand, car l'homme
aura Dieu. — Comment est-il permis d'oser avancer des
choses aussi incompréhensibles? Voici les raisons sur lesquelles monte cette audace : quand je considère, c'est-à-dire
quand je vois des yeux de la pensée la justice absolue, la
perfection éternelle, enfin la cause première contenant en
puissance les causes secondes, je les admire, et, bien qu'elles
résident uniquement en Dieu, dont elles forment la substance, j'en jouis. Eh bien! jouir, n'est-ce pas posséder?
Ainsi, évidemment par là je possède Dieu. En outre, quand
j'aime un être et que je me sens en communauté de sentiment avec lui, cette sympathie réciproque de nos âmes, ici
la créée s'unissant à l'incréée, cette sympathie me fait éprouver une vive jouissance, comme me sentant possesseur d'un
grand bien ; voilà une seconde manière de posséder Dieu.
Enfin, si mes désirs et mes œuvres concourent, par une action constante avec ceux du Gouverneur des mondes, à obtenir des résultats souhaités, ce concours d'une puissance
infinie aidant la mienne, alors il en résulte que l'effet produit couronne mes efforts ; si bien que, comme associé, j'arrive à jouir de la force immense de ce divin collègue. Tellement que, de la sorte, j'ai réellement la faculté de profiter
par trois moyens de tous les avantages incalculables qui ne
sont comparables à rien ; voilà ce que je me permets de
nommer la possession de Dieu par l'homme. Puisqu'il arrivera que j'aurai ce qu'il a, alors j'ai Dieu.

Récompense suprême qui nous attend, bien souverain vers
lequel je dois courir avec courage en franchissant tous les

obstacles, afin d'arriver au plus tôt à l'absolue science et à
l'amour parfait qui nous donnent droit à l'absolue puissance. Quoique n'espérant jamais avoir cette dernière que
par délégation et comme le commis d'un autre, néanmoins
investi, revêtu de son autorité, la mienne se trouvera, non
par nature mais en fait, égale à la sienne et aussi heureuse
par ce partage sublime.

L'ambition de ce genre de pouvoir s'impose à nos désirs,
au point d'être une obligation, puisqu'il sert de lien indispensable à l'union avec Dieu, laquelle est pour l'homme
un but sacré; du reste, cette ambition se trouve désintéressée, en ce sens qu'elle forme un devoir, ce qui est d'autant plus certain que la recherche d'un autre pouvoir nous
est défendue, si ce n'est comme moyen d'arriver à la vraie
fin. La question étant ainsi posée, on est porté à se demander comment les Pères de l'Église ont pu borner l'union de
l'homme avec Dieu à l'amour? Par exemple, comment
n'ont-ils pas vu que, sans le pouvoir d'agir et de réussir
avec Dieu, leur union limitée serait horriblement imparfaite? Car enfin s'unir complètement par la volonté au Tout-
Puissant n'est-ce pas partager sa puissance? Evidemment,
si la volonté humaine ne la partage, il n'y a plus d'accord
dans les actes, plus d'unité dans la formation des vœux et
des tendances des associés, en un mot, plus d'union dans la
vie heureuse appartenant à Dieu et à l'homme, et ne se di-
visant pas.

— Vous assurez que le bonheur divin se résume dans la
puissance et ses succès, mais Dieu qui veut le perfectionnement moral de l'homme, voit à chaque heure du jour
braver ses lois et sa puissance; ses succès sont très rares,
puisqu'une foule d'âmes, au lieu de s'élever au bien, se jet-

tent dans le mal et se complaisent dans les vices qui déplaisent le plus au ciel. — Prenez garde et comprenez mieux les secrets de la vie; car c'est en vain que l'homme se précipite avec fureur dans le mal, Dieu sait tirer profit de ses chutes, en le disposant tôt ou tard à s'en repentir, ce qui prépare ses progrès; ainsi tout conspire au succès que la Providence se propose d'obtenir, qu'elle poursuit et auquel elle parvient, soit en nous envoyant des épreuves douloureuses, soit en nous inspirant l'espérance, soit par un moyen, soit par un autre. Ainsi Dieu avance et arrive donc toujours jusqu'où il veut aller, et toujours il a à se féliciter et à jouir du résultat de ses efforts. Sitôt parfaitement associés à sa grande œuvre, nous en recueillerons continuellement les fruits heureux, et cette moisson abondante, se renouvelant de plus en plus grande, nous comblera d'une joie sans mélange de peines, sera sans fin et sans interruption. Mais quand cela? — Quand nous en serons dignes, pas avant. En attendant, aspirons à cette fin, voilà la destinée de l'homme.

CHAPITRE XV

LE SUCCÈS CONTINU

Les volontés que Dieu forme dans sa pensée pour en voir l'exécution dans le monde s'y réalisent toujours, et tous ses plans, tous ses desseins arrêtés dans son esprit, il trouve moyen de les établir partout avec succès. Supposer que les projets de Dieu ne réussissent qu'incomplètement, ce serait mettre en suspicion sa prudence et l'étendue de sa puissance; il est sans doute permis à l'homme de mal employer sa liberté pour lutter, combattre et retarder le bien, mais la victoire définitive et complète se trouve toujours assurée. Nous sommes donc obligés de croire que la sagesse divine conduit les choses humaines le mieux possible, avec justice et conformément à la raison, en vue du progrès moral de tous en général et de chacun de nous en particulier. Douter de l'efficacité favorable de ce gouvernement providentiel, ce n'est rien moins que douter de Dieu. Ainsi le succès s'impose comme nécessaire au pouvoir divin et à sa félicité; cette condition, indispensable à l'établissement du bonheur, se montre la même pour tous les habitants de notre globe, progressifs maintenant ou un jour arrivés à leur fin; alors stationnaires dans cette fin, ils travaillent, de concert avec

Dieu, au perfectionnement des hommes non encore arrivés. En résumé, la vie complètement bienheureuse ne se conçoit pas sans l'attrait de l'activité et du succès des efforts des parfaits; autrement le prétendu bonheur que nous offrent les cléricaux serait vain, misérable, et aussi triste que l'existence des trapistes.

Quel prix doit-on attacher au succès et enfin comment doit-on l'aimer? Sa valeur mérite d'être estimée proportionnellement au bien qu'il fait aux hommes, et nous sommes obligés de l'aimer en raison des avantages de ce bien obtenu. Tellement que le cœur est tenu de régler ses sentiments sur une loi qui l'oblige à aimer de trois manières différentes : Dieu absolument; la créature relativement, mais autant que Dieu, comme on peut aimer un fils par rapport à son père, et autant que le père, bien que ce soit avec d'autres sentiments; enfin les choses irresponsables, les produits sans intelligence, d'une manière à la fois relative et proportionnelle, suivant la juste estimation qu'elles méritent. Cependant, souviens-toi bien, ô homme, que défense t'est faite de jamais aimer le succès pour lui-même ou pour toi-même. Du reste, il est nécessaire à notre bonheur parfait; s'il fait défaut, c'est un signe certain que la puissance de l'agent est faible, faillible et par suite incapable de réussir à être heureuse.

Pourquoi Dieu a-t-il toujours été heureux? Parce qu'il a toujours produit des œuvres capables de réussir et qui ont toujours atteint leur but. Une âme éternelle, douée de sentiment et de volonté, ne se conçoit pas sans les bonnes œuvres; la volonté n'existe que pour agir, et l'inaction, comme la déception, serait la tombe de son bonheur. Ainsi, ses actes doivent se faire une issue propre à satisfaire le désir qui les engendre, sans quoi, déçue dans son espoir, l'âme, auteur de ces actes, tombe dans la tristesse et se débat dans la peine. On a prétendu mettre la félicité de Dieu et celle des bienheureux au-dessus du succès, on a chanté le mépris des actes et de leur suite bonne ou mauvaise : opinion insensée, fausse idée stoïcienne, transplantée et développant ses absurdités dans les théories catholiques, dans les doctrines protestantes et dans les sophismes d'une philosophie ennemie à la fois du bon sens et du salut de l'homme. Lequel doit sans doute subir courageusement toutes les épreuves poignantes de l'insuccès, mais pourtant ne doit-il pas aussi savoir et croire fermement qu'il est appelé dans l'avenir à vaincre le malheur avec l'appui de Dieu? Evidemment, tout être a besoin d'agir et d'agir en vue d'un résultat à atteindre; s'il le manque, il souffre; cela est vrai de Dieu comme de l'homme. Malheureux sophistes, vous fournissez des armes aux ennemis implacables de toute espèce de sentiment religieux, parce que vous méconnaissez à la fois la nature divine et la nature humaine, parce que, vous révoltant contre les tendances les plus nobles et les plus obligatoires qui invitent les âmes à s'élever vers ses destinées les plus légitimes et les plus heureuses, vous poussez la foule à renier Dieu et à maudire toute aspiration religieuse, tant vos doctrines insultent le sens commun et bravent la conscience.

Mais on nous répond en citant les faits désolants de l'histoire, et les divers événements lamentables qui se produisent chaque jour sous nos yeux, événements si douloureux et si affreux qu'ils semblent se jouer de nos théories optimistes et accuser hautement le ciel d'une dureté impitoyable. Eh bien! en jugeant de la sorte, on pèche par ignorance, et, l'esprit, troublé, maudissant son sort, ne sait plus que prendre le faux pour le vrai ; car ces faits, examinés de sang-froid et clairement compris, à la lumière d'une conscience pure et d'une science supérieure, ces faits, loin de condamner la sagesse providentielle, nous montrent, au contraire, que la douleur et les épreuves les plus pénibles sont les moyens les meilleurs et les seuls efficaces dont Dieu puisse se servir pour enseigner l'homme ; par là il l'oblige à monter cette voie douloureuse qui élève l'âme de la créature à cette noble moralité, d'où découle la vie heureuse, laquelle n'a pas d'autre source que l'épreuve. L'insensé voudrait, dans son insolence, que, dès maintenant, le crime fût toujours immédiatement puni d'une manière foudroyante et la vertu manifestement récompensée, et comme la réalité semble se jouer de l'idéal de ses rêves, il s'indigne follement en insultant la justice de Dieu, au moins en ce monde. Et pourtant, ce qu'on demande au céleste séjour a lieu en partie sur cette terre, sauf des différences en rapport avec les nécessités de nos progrès moraux ; en outre, les récompenses présentes sont invisibles, aussi plaisent-elles moins aux âmes communes que celles qui brillent aux yeux. Quoi qu'il en soit, à chaque heure Dieu distribue aux justes la vraie science, qui doit précéder la vraie puissance indépendante du monde ; si on estime peu aujourd'hui ces dons de la lumière intérieure qui nous font marcher dans le droit chemin, leur valeur n'en est pas moins d'une grande utilité. Une multitude de coquins triomphent et éblouissent la foule aveuglée par l'éclat de leurs succès ; cependant, on s'illusionne fortement en nommant de tels succès du bonheur, ils ne rendent pas heureux. Le bonheur digne de ce nom est ailleurs, et on le découvre devant soi, on s'en em-

pare même peu à peu en le poursuivant dans de tout autres voies, avec certitude de l'atteindre dans tout l'attrait de
son ampleur. Du reste, le triomphe des gens sans conscience
et sans honneur produit des effets moralisants extrêmement
utiles à tous ; aux justes, qu'il éprouve, et aux injustes qui,
un jour, en se repentant de leurs crimes, en profiteront
pour aimer le bien et pour haïr le mal et ses victoires dont ils
auront envié l'exécrable gloire. En attendant, il faut se
soumettre et souffrir, espérant et marchant selon la justice ;
malheur à qui prétend être heureux malgré Dieu et avant
le temps venu.

Quel est exactement le genre de succès que Dieu poursuit
ici-bas, et que les justes doivent également poursuivre à
son exemple? Il semble se résumer dans le perfectionnement des créatures, aidant les progrès de leur intelligence,
de leur amour et de leur volonté ; or, ce perfectionnement
ne s'obtient que par l'intervention de la douleur, et en mettant l'être humain aux prises avec les difficultés et les rudes
combats de la vie. Epargnez à l'homme ces luttes dures et
fortifiantes, point de progrès moral ; nous aurions à peine le
bonheur des animaux. Certainement, nous devons chercher
à adoucir les peines de nos semblables, néanmoins, sans les
peines de cette guerre journalière imposée par le ciel aux
habitants de la terre, chaque individu croupirait dans la
fange de ses vices et ne ferait nul effort pour sortir de la
crasse de son ignorance native. Malheureux, vous deman-
dez que les justes l'emportent toujours sur leurs mépri-
sables adversaires, vous exigez pour les honnêtes gens
toutes les prospérités possibles! Perdez-vous l'esprit? Alors
que deviennent les tentations salutaires? Alors la moralité
humaine, délivrée des conflits qui éclatent dans le cœur en-

tre le devoir et l'intérêt, tomberait donc dans le néant? Il suffirait de suivre l'utilité personnelle. Alors on ne verrait plus le noble spectacle des efforts courageux du mérite bravant les injustices du monde? Vous rêvez, vous réclamez pour votre terre une sorte d'Eldorado voluptueux, de phalanstère fouriériste, qui s'établirait pour satisfaire toutes les passions. Mais il est préférable, pour le bien de l'homme, que la vertu soit méprisée, conspuée, persécutée; son accablement est son triomphe, et les injures de ses ennemis forment les plus purs rayons de sa gloire.

En résumé, notre condition présente, avec toutes ses misères, vaut encore mieux que cet incompréhensible état heureux immédiat, précédant le développement de toute intelligence, lequel, selon beaucoup de sceptiques, Dieu nous doit dès notre naissance, au point qu'ils accusent injurieusement l'Eternel de cruauté en ne nous donnant pas de suite cette fausse félicité qu'ils imaginent, et qu'ils se croient, follement, le droit d'exiger : de là l'insulte. A l'encontre de ces théories qui s'évanouissent à la clarté de l'examen, nous disons : qu'en venant au monde nous ne sommes pas arrivés au faîte de nos destinées, et qu'il faut y arriver ; ainsi nous professons que le succès continu est le couronnement du but désirable vers lequel nous marchons. Il y a bien des succès d'un autre genre; par exemple, ceux de l'ambitieux qui s'acharne à la chasse des places et des honneurs; ceux du commerçant avide qui accumule son or dans ses coffres. Cependant, les justes, qui s'associent aux généreuses tendances du ciel, cherchent aussi à réussir, mais d'une manière bien différente; et en cela ils ressemblent de loin à Dieu en le suivant dans sa voie.

Car Dieu veut toujours le succès de l'universalité de tous

ses efforts, et certes il l'obtient toujours, parce que toujours il veut l'avancement de ses créatures vers le bien, et que jamais elles ne cessent de marcher vers ce but lointain et caché, auquel souvent elles ne tiennent nullement; cependant, alors même qu'elles s'efforcent de le fuir, elles y marchent par des détours. Je dis qu'elles sont constamment poussées en avant, puisque, tombées au fond de l'abîme, elles finissent par voir la cause de leur misère et le moyen de la guérir; tellement que ces âmes, par ces traverses pénibles, apprennent à brûler ce qu'elles ont adoré, et à adorer avec d'autant plus d'ardeur ce qu'elles ont d'abord mis le plus de rage à brûler. Cette dure expérience personnelle, ce retour difficile et définitif au bien, forme un enseignement moralisant qui sert aux créatures autant que si elles avaient suivi le bon chemin; seulement elles souffrent davantage, rien de si juste. Ainsi, après un certain temps, le succès de Dieu est le même, soit que, par sa grâce, il ait fait l'éducation d'un scélérat que, peu à peu, il convertit au bien, soit qu'il ait aidé et éclairé un honnête homme, docile à la voix de la conscience et disposé à souffrir pour l'amour de la justice éternelle. Donc, par l'emploi d'un remède ou d'un autre, Dieu arrive toujours à nous guérir du mal; il défie toute déception. Exemple : si, pour laisser le champ libre à l'indépendance et à la responsabilité humaine, Dieu permet tous les crimes qui nous entourent et sur lesquels nous gémissons, c'est encore par son immense désir de nous voir avancer vers le bien; car, plus tard, les coupables, en souffrant des suites de leurs désordres, finiront par changer leur malice en amour pour le juste, en raison de leur haine antérieure pour la justice. Enfin, tous nos frères égarés, tous les enfants prodigues du Père de la grande famille humaine, purifiés par les épreuves, seront pardonnés et reçus dans la maison paternelle; ils prendront place au banquet de l'union intime avec Dieu, où se célèbrent les victoires du bien.

J'ose dire que les choses ne peuvent se passer autrement, pour que la justice de Dieu, sa bonté et la conscience de l'homme soient satisfaites; cela devient clair et évident quand on comprend que Dieu, par sa profonde science et par l'exercice de sa toute-puissance, doit, en administrant les événements, réussir dans ses plans et voir l'heureux accomplissement de ses desseins bienfaisants, sans toutefois gêner en rien notre libre arbitre et sans prévoir les actes volontaires de la créature. Ainsi, nous parviendrons à la jouissance du succès continu quand nous prendrons une part complète, en nous dévouant de toutes nos forces, au combat de la victoire perpétuelle, qui se poursuit dans le temps au profit des générations qui se renouvellent sans cesse, victoire glorieuse pour le salut de tous et le bonheur universel à venir de chacun.

SUPPLÉMENT

AUX

ETUDES SUR LA NATURE DIVINE ET HUMAINE

CHAPITRE PREMIER

LE MOUVEMENT N'A PAS COMMENCÉ

Nier l'éternité du mouvement, c'est positivement nier la puissance infinie de Dieu, puisqu'il n'y a pas de puissance sans mouvement, ainsi par là on fait évidemment Dieu impuissant. Le mouvement n'est pas plus une création que la puissance, on ne doit voir dans son origine qu'une génération éternelle, sans commencement, puisque le mouvement est une qualité essentielle, propre à toute force en général et à la force première en particulier. En sorte que la force, la puissance qui produit des effets visibles en tous genres, car il ne saurait ici être question de la puissance spirituelle de l'intelligence, la puissance entendue comme nous venons de le dire, n'existe pas sans le mouvement, et cette puissance ayant incontestablement été toujours en Dieu, elle y est éternelle ; il en résulte que le mouvement, son attribut inséparable, se trouve de même éternel. Pourquoi a-t-on nié cette action éternelle dans l'espace ? Afin de mieux établir une seconde erreur, celle qui consiste à soutenir qu'il n'y a qu'une nature en Dieu. Comme si une chose engendrée pouvait être de même nature que l'inengendrée ? On a cru par là fonder l'unité, tandis que l'unité et la personnalité reposent sur la liberté, sur la volonté morale des actes. En somme, la grande faute se résume à faire Dieu impuissant ; puisque dans le système que nous nous proposons de renverser, c'est la création qui agit, elle seule exécute les actes ; on lui fait trop d'honneur.

En vain observait-on que les Pères de l'Eglise, dont nous attaquons ici les idées, n'ont pas dépouillé Dieu de sa puissance ; loin de là, ils l'ont toujours considéré comme Créateur. — Sans doute la faculté de créer est une puissance d'un certain genre, il ne faut pas confondre la création avec l'impulsion ; ils commettent sans cesse cette faute, aussi dans tout ce qu'ils proposent ils ne nous montrent nullement un premier moteur, c'est-à-dire une force impulsive. Voici, par exemple, une chose créée en tel lieu, pour la faire changer de place et lui imprimer le mouvement, l'intervention d'un autre mouvement, d'une force qui pousse devient absolument nécessaire ; or le moteur nécessaire diffère complètement d'une force créatrice. Supposera-t-on que, dans un certain nombre d'atomes formant une agglomération, il peut surgir au milieu de la masse des atomes créés, lesquels donneront le mouvement ? Cela est inadmissible ; car de deux choses l'une, ou il n'y a point d'intervalle entre les atomes et alors les nouvelles molécules ne peuvent s'introduire que par impulsion, autrement dit, par un mouvement antérieur. Ou bien il y a entre eux des vides, des interstices, alors les nouveaux atomes rempliront

ces vides et rien de plus ; car s'ils poussent, c'est qu'ils sont
poussés par un mouvement antérieur à toute création. Ainsi
comme on ne peut sortir de ce dilemme sans réplique, l'esprit est obligé d'admettre un mouvement primitif, éternel,
sans lui aucun mouvement, aucun changement dans l'Univers. En conséquence, il faut donc qu'il existe en Dieu, ou
enfin en quelque chose si on nie Dieu, une nature douée d'un
mouvement éternel, sans quoi point de puissance motrice
nulle part. Du reste, pour nous, cette nature est aussi infinie,
aussi incorruptible, aussi absolument parfaite que celle d'où
elle procède ; on ne conçoit pas que, soit pour l'une, soit
pour l'autre il y ait eu un commencement.

Aristote a soutenu, en employant des démonstrations
solides, tout à fait irréfutables, la nécessité du mouvement
éternel (*Physique*, liv. IIIe et ailleurs). Ce grand maître,
sans égal en logique, a vivement critiqué Anaxagore, qui a
professé le contraire ; il a attaqué Platon pour avoir supposé que le temps a commencé (*Physique*, l. VIII, chap. 1er).
Pour nous comme pour Aristote, le temps n'a pas plus commencé que le mouvement n'a pris naissance, puisque la
puissance divine, s'identifiant avec le mouvement, n'a ni
commencement ni fin. — Dans ces conditions, nous opposera-
t-on, la matière serait donc éternelle et nous voilà amenés
à douter de la création. Nullement ; par exemple, il ne faut
pas douter de la création, seulement il convient d'en donner une explication satisfaisante, autrement on arriverait à
croire avec les panthéistes que Dieu est tout ce qui est.
Quant à l'éternité de la matière, il importe de distinguer
la matière sensible, intelligente, incréée, de la matière
brute, inintelligente, inerte par elle-même et créée. C'est de
cette dernière que sont formés les astres, les métaux, les

végétaux et la chair animale qui nous attire au mal. La
première sensibilité, incréée en Dieu, ne possède pas, il est
vrai, les compréhensions sublimes de la raison, mais elle
possède les instincts divins du bien et du juste, les sentiments du vrai et du beau ; enfin, ses œuvres sont parfaites,
elles vont toujours au succès et à la gloire. Elle est donc
essentiellement aussi noble, aussi sublime que l'intelligence ;
bien comprise, il ne répugne nullement de l'admettre en
Dieu.

Tout vient de l'infini, nulle chose finie ne surgit d'ailleurs ;
tout émane de lui, les idées qui éclairent notre intelligence,
la matière qui compose l'Univers physique, les astres étin-
celants, tout ce merveilleux ensemble de l'organisation du
monde céleste et terrestre. Rien ne se crée de rien, rien ne
sort de rien, et l'esprit n'a pas tiré la matière du néant,
parce que le néant ne saurait être la source de rien. La matière émanée de Dieu se trouve séparée du créateur pour
exister en dehors de lui, dans une condition inférieure :
voilà la création du monde. L'intelligence émanée de Dieu
se sépare de Dieu pour former nos âmes imparfaites, afin
qu'elles existent libres en dehors de lui, voilà la création
spirituelle qui a fait l'humanité et la nourrit de la vie intelligente, volontaire et forte. La création est une séparation,
et pas autre chose.

En disant que Dieu est la source infinie de la matière, nous
fournissons à la raison une explication satisfaisante, sans
nous laisser entraîner ni dans le panthéisme, ni dans l'absurde ; si bien que ce grand phénomène de la création se montre
à nous comme résultant d'une opération toute simple, qui
n'est ni un miracle impossible, ni un non-sens, mais un enfantement qui met au monde l'Univers. Dans ce cas, dira-t-

on, tout est de même nature et d'une essence pareille à celle
de Dieu, voilà encore du panthéisme ? — Non, ce qui sort
de Dieu fait une chute énorme ; par cette rupture avec l'incréé le créé perd la qualité d'infini pour descendre dans le
fini ; il ne vit plus de l'infini que par participation. Ainsi
le ciel et la terre n'ont le mouvement que par l'impulsion
donnée continuellement, et nous n'avons l'intelligence que
parce que Dieu nous la communique. La matière, du reste,
s'éloigne tellement de son origine, qu'intactile en Dieu, elle
devient tactile dans la création, et de plus très corruptible ;
bien plus que l'esprit, parce que, destinée à éprouver l'homme,
elle a dû être faite mauvaise, sinon absolument, du moins
autant que possible. Mais nous voyons la Vérité en Dieu et
voilà ce qui nous sauve des ténèbres et de la putréfaction
du vice ; sa lumière nous éclaire, mais, quoique nous soyons
issus de la Vérité, nous différons beaucoup de la Vérité ;
cette mère sublime nous allaite de ce qui coule de son sein
divin, nous sommes ses nourrissons et cela pour toujours.
Bien qu'issue de la nature divine, la nature humaine est
très loin d'être la même que celle de notre Père, parce qu'il
n'y a qu'un infini et que nous resterons à jamais des créatures
finies. Nous vivons par lui et en lui, sans être lui ; notre
nature en s'échappant de son être tombe dans l'infériorité,
dont elle ne se relèvera qu'en remontant à son principe.
Voilà la chute originelle, qui ne nous empêchera pas
néanmoins de nous hausser jusqu'à lui et de l'égaler d'une
certaine manière, en participant complétement à sa nature
et à ses attributs, pour nous y rattacher et en jouir de plus
en plus.

Non, nous ne nous laissons pas égarer dans les voies
dangereuses du panthéisme qui confond tout dans le tout,

bien que nous professions que la création provient et découle de Dieu ; parce que nous comprenons que ce qui dérive de la nature divine se transforme, se change et devient autre chose. Nous ne pouvons venir que de l'infini et le néant n'est pas un germe ; penser que nous passons du rien à l'être, c'est un non-sens. Tout ce qui est a toujours été d'une manière ou d'une autre, seulement les créations ont changé de nature en allant du divin au terrestre ; rien ne commence et rien ne finit, mais tout se transforme presque complètement, excepté Dieu, qui reste toujours le même ; en demeurant constamment pareil, à travers toutes nos vicissitudes et nos étonnantes métamorphoses. Voyez les minéraux, les végétaux et surtout les animaux, ils changent sans cesse de forme et de nature ; il n'y a donc rien de contraire à l'ordre et à la marche des choses que, descendant de Dieu, nous nous trouvions transformés en êtres finis, disjoints de l'infini, mais destinés à retourner d'où nous venons ; en sorte que, nous unissant à notre principe, nous arrivions à partager sa nature et son bonheur.

Mais nous n'avons pas terminé avec Aristote : comme dans sa *Métaphysique* il professe que le premier moteur est immobile, on pourrait croire que nous nous trouvons sur ce point en opposition avec celui que nous prenons pour guide ; toutefois on se tromperait. L'intelligence est pour nous, aussi bien que pour lui, le premier moteur immobile, il est vrai que nous ne le croyons pas seul, selon nous le moteur sensible et mobile exerce une action directe d'accord avec la volonté. S'il y a là une nuance qui distingue notre idée de celle de l'auteur de la *Métaphysique*, il n'y a là ni divergence, ni opposition ; d'autant plus qu'outre le moteur immobile, il y a, pour Aristote, le moteur éternel mobile ; la différence entre nous et lui est donc à peu près nulle. La doctrine de l'éternité du mouvement n'a pas seulement été combattue par Platon, sa pensée a prévalu dans le christianisme, et a été admirée dans le spiritualisme ultra qui ne sait pas tenir compte de l'utilité de la matière. Mais la Vérité domine les siècles et les opinions vraies ont résisté au temps, elles l'emporteront à leur tour pour le progrès et la gloire du genre humain.

Ainsi nous professons que la création est une disjonction de Dieu et de l'Univers qui met entre eux un grand éloignement, tellement que ces deux choses forment chacune deux natures distinctes. Eh bien ! je dis que ces opinions rationnelles sont aussi différentes du panthéisme ancien ou moderne, qu'elles sont peu d'accord avec les préjugés régnants, c'est-à-dire avec la croyance à une création qui serait surgie du néant. Répétons-le, nulle chose, nul être ne sort du non-être et nulle chose n'y rentre ; rien ne meurt et rien ne périt, tout est éternel dans son fond, bien qu'une partie du tout se transforme et passe du parfait à l'imparfait, sans que Dieu diminue ou change jamais, puisqu'il est l'infini qui peut extraire quelque chose de lui, tout en restant constamment le même infini. A la création tout a changé, principalement la matière, qui, destinée à nous attirer au mal pour nous obliger à lutter en faveur du bien, a dû être plongée dans un état de pourriture, dont nous avons à nous tirer puisque nous lui sommes passagèrement rattachés.

Et pourtant si tout est éternel tout est Dieu. — Distinguons, s'il vous plaît ; il y a des natures éternelles qui ne changent pas, voilà Dieu. Il y a des choses éternelles dans leur essence qui en s'échappant de l'absolu deviennent sujettes au

changement, elles varient du bien au mal, et cette variation,
voilà la création. Toutefois, l'infini en lui-même est trop
grand pour être amoindri par cette émanation qui sort de
lui-même, et ce qui aurait lieu pour le fini ne le diminue
aucunement. Du reste, est-ce que nous identifions la divinité
avec l'ensemble des êtres ou avec leur nature vitale ? Nullement, il est leur origine, leur cause génératrice, il ne se
confond pas avec eux. Non, il n'est pas le tout, quoique le
tout soit éternel sous le rapport de l'existence qui n'est pas la
vie ; ce qu'on a toujours cru dans le judaïsme, ce que les
plus profonds génies de la Grèce n'ont cessé de proclamer.
Sur ce point les Pères de l'Eglise ont tout à fait innové, et
leur audacieuse innovation, qui ose donner tort à toute l'an-
tiquité, n'est pas heureuse, bien qu'on la célèbre en cherchant à déprécier tout ce qui lui est contraire. Cependant,
quoi qu'on en dise, ce n'est pas déshonorer la majesté divine de croire qu'elle a éternellement porté dans ses flancs
la semence qui, répandue, devait donner naissance au
monde et la vie à l'humanité. Vous préférez flétrir l'opinion
des anciens sages en professant que Dieu a tiré le monde
du néant, mais au fait qu'y gagnez-vous ? Vous y ga-
gnez de propager sur Dieu des idées fausses, de jeter
entre lui et nous un voile épais qui nous le cache et nous
empêche de le connaître, comme si cette connaissance n'é-
tait pas pour l'homme le bien le plus désirable. Qu'y gagnez-vous encore ? De professer une erreur capitale qui a
de graves inconvénients, puisqu'elle fait croire à l'être créé
qu'extrait du néant, il peut y retourner. Non, jamais il ne
le pourra, quand même Dieu le voudrait, parce que Dieu ne
peut se contredire, ni anéantir une nature essentiellement
éternelle comme lui, parce qu'il ne peut réduire à rien ce

qui est en partie son existence, quoiqu'elle soit aussi la nôtre. En effet, je ne vis que parce que je participe à sa vie, et lui participe donc aussi à la mienne. Sa Vérité est ma vie; sa Vérité, son existence demeure ainsi partiellement en moi, bien que mon moi ait sa liberté à soi, sa personnalité détachée de la nature infinie. Dieu communique avec moi de plusieurs manières, dans mon âme par ses idées, dans mon corps par la vitalité qu'il y entretient; et cette communication est une participation; sa vie morale et physique est donc à la fois la sienne et la mienne d'une façon restreinte, qui nous laisse à chacun notre indépendance, bien qu'il y ait quelque chose de commun qui nous relie dans l'infini. Voilà des idées théologiques très raisonnables, des sentiments religieux très élevés, on les taxerait en vain de pensées panthéistes; bravant des préjugés reçus, elles projettent sur la nature de Dieu et la fin de l'homme les plus vives lumières, tout en repoussant la superstition dans ses ténèbres.

Il n'y a point d'effet sans cause, mais il n'y a pas non plus de cause sans effet physique, car une cause sans effet serait inutile et d'une complète nullité. C'est ainsi qu'en Dieu la cause première ou l'intelligence n'a jamais été sans effet, ou sans engendrer la force motrice qui se trouve de cette façon aussi ancienne que celle dont elle procède, puisque entre ces deux existences il n'y a point de temps écoulé; elles ne datent pas. Cette force active ou physique étant éternelle comme sa cause, on voit qu'elle appartient nécessairement à l'être divin, bien qu'elle ait sa nature à soi différente de la nature inengendrée et différente, encore plus, de la nature créée. Dans l'Univers, la pesanteur, la répulsion, l'attraction, les mouvements divers des astres sont des effets matériels qui découlent des causes spirituelles premières. Pour nier la valeur de notre argumentation il faudrait dire qu'il y a des causes sans effet, ce qui est absurde. Prétendra-t-on qu'il y a des causes spirituelles qui n'ont que des effets spirituels? — Non, cela est contraire à l'expérience. Ainsi mon intelligence a pour effet les mouvements de mes membres, mouvements raisonnables, qui procèdent de ma raison, puisqu'ils lui obéissent. Pareille ment des astres dans leurs courses rapides obéissent aux lois spirituelles, lesquelles se rattachent à Dieu ou à la cause première intelligente productrice, par la force, des effets d'où résultent les saisons et leurs conséquences innombrables. Donc, concluons-nous, la force active première est éternelle comme l'intelligence première et appartient à l'infini.

CHAPITRE II

L'INCRÉÉ ET LES DEUX CRÉATIONS DISTINCTES

Il est extraordinaire qu'il faille apprendre aux hommes
qu'il existe deux créations distinctes et successives ; puis
en outre deux ordres de vérités qui se caractérisent par
des dissemblances marquées : les premières vérités appartiennent à la nature infinie de Dieu ; les secondes, créées
par les premières, font partie d'une science secondaire, d'une
science concernant la nature finie ; elles sont séparées de
l'Eternel, mais pourtant antérieures aux corps tangibles.
L'idée de perfection, celle de cause, celle de justice, celle
de bonté absolue ont nécessairement existé, avant la création, au sein de la nature divine, elles forment l'essence de
son intelligence éternelle, ce sont des essences infinies ;
tout nous prouve qu'il ne saurait en être autrement, car
sans elles l'être absolu ne pourrait penser ; rien ne borne
cette science, et si elle avait commencé il n'y aurait point
de Dieu. Quant aux idées des lignes, à celles des nombres,
aux idées de toutes les choses limitées dans l'étendue infinie, je dis que ce sont là des natures évidemment finies,
créées en dehors de l'esprit infini de Dieu. En effet, ces idées
correspondent à des images circonscrites, on peut toujours

par l'imagination augmenter leur grandeur et les concevoir plus ou moins grandes, tandis que les natures idéales infinies ne correspondent à aucune image resserrée dans une circonscription ; compréhensions immuables dans le domaine de l'absolu, elles subsistent incapables d'aucune pensée d'accroissement ou de décroissement. Donc ces dernières sont incréées, inséparables de l'infini, elles forment l'essence de la raison divine, tandis que les finies ont été créées après un temps écoulé, formant des plans, des projets imaginés pour la création à naître. Du reste, elles se distinguent de ce qui constitue les éléments de l'intelligence personnelle. De telles différences ne permettent pas de confondre ces deux natures, et leur distinction nous sert notamment pour nous faire voir qu'en nous comme en Dieu, il existe deux espèces d'idées, les unes absolues, les autres bornées comme s'appliquant à des choses bornées.

Pareillement dans le corps humain, deux natures physiques dissemblables, sans compter la chair ; j'entends la puissance infinie de Dieu entretenant la vitalité, poussant le sang dans les artères, et la puissance finie de l'homme mouvant librement ses membres. En conséquence, deux natures idéales et deux natures physiques, unies sans confusion mais différentes, vivant chacune dans toutes les intelligences et dans tous les corps sans exception. Par exemple, en Dieu le mouvement éternel qui le meut et celui qui meut le monde ; car Dieu se meut, autrement comment mourrait-il ?

Par ces raisonnements divers, appuyés de preuves, on arrive à comprendre que les formes idéales des végétaux, des animaux, enfin des corps en général, que les mathématiques, que tout ce qui regarde l'homme et tous ses devoirs, que la multitude de ces conceptions sont nées et ont reçu leurs lois du Créateur, par cette bonne raison que les nombres, les lignes, les figures idéales et l'ensemble des choses humaines sont d'une nature imaginée, séparées de Dieu dont la raison a précédé toutes les créations de l'imagination. La justice en soi n'a pas d'image, mais l'application de la justice en a.

D'où il suit que les idées des corps ont précédé l'apparition des corps tangibles et charnels ; néanmoins ces idées représentatives ne sont pas éternelles, comme le mouvement et le temps. Issues de Dieu, elles diffèrent des idées qui constituent l'intelligence éternelle, tandis que le mouvement et le temps sont des attributs inséparables de son éternité ; ils ont agi avant la création, et depuis ils agissent partout jusque dans la profondeur de nos entrailles.

Platon a soutenu le contraire de la thèse que nous exposons ici, il l'a fait avec un éclat qui a ébloui et charmé son siècle, et cet éclat a retenti jusqu'au dix-neuvième siècle ; par exemple, Victor Cousin et ses disciples sont parvenus à établir la domination des opinions du maître d'Aristote dans l'Université de France, comme les Pères de l'Eglise en avaient fait régner la prépondérance dans les premiers siècles de l'ère chrétienne. Platon a enseigné, malgré l'opposition persévérante du disciple qui l'a surpassé, que toutes les idées sont éternelles, qu'elles représentent des types incréés, les modèles des objets appelés à naître, modèles sans commencement d'après lesquels Dieu a tout créé. Cependant je pose ce dilemme : ou bien ces idées sont supposées hors de Dieu, alors on subordonne le souverain Créateur à des règles qui le surpassent et qu'il est obligé de suivre ; ou bien on les croit en lui, dans ce cas on professe qu'elles font partie de son infinité, ce qui répugne absolument, car elles portent en elles un caractère d'infériorité ; par exemple, l'idée d'animal si restreinte ne peut se comparer à l'idée absolue de justice. Comment raisonnablement soutenir que soit la géométrie et toutes les figures qui s'y rapportent, soit les idées d'arbre, de pierre, sont éternelles, puisqu'elles ont pour objet la représentation de lignes ou d'étendues nécessairement limitées ; qu'au surplus toutes les créatures à produire, ou produites, sont imparfaites ; qu'en outre elles ne font nullement partie de l'être créateur qui existe supérieur à elles, et n'a aucun besoin d'elles ? Enfin, quand je pense à la Vérité éternelle, rien ne me rappelle une image ; mais que je pense à autre chose, je suis obligé de me servir d'images, de figures idéales. Donc antérieurement à la naissance du second monde au sein duquel nous nous agitons, il y a eu la naissance du premier monde invisible, modèle imaginé du monde visible et tangible.

Dieu a jeté son plan, il a rédigé dans sa puissante imagination les lois des mathématiques, de la physique, de la chimie, de la mécanique ; législateur suprême, il a disposé les règles invariables et imposé pour les générations à venir les devoirs obligatoires appelés à gouverner les peuples et les individus. Avec ces gigantesques matériaux scientifiques, le grand architecte a édifié dans son intelligence l'Univers spirituel, destiné à préparer la vaste demeure des habitants de l'Univers matériel. Et son plan bien tracé dans les profondeurs de sa pensée, il l'a exécuté avec un ordre parfait et cet art infini que nous admirons dans toutes les parties de la nature.

Mais pour tracer un plan dans sa mémoire comprenons bien qu'il faut le voir dans les peintures de l'imagination, c'est-à-dire dans les images présentées par les sens aux jugements de l'esprit. La sensibilité est seule capable d'offrir la représentation des objets créés ou à créer. En outre, pour exécuter une œuvre physique, il faut posséder une énergie physique, une nature physique, différente, il est vrai, de la matière morte et tactile, mais une vie sensible qui agisse, qui opère d'une manière sensible, ce que, nous hommes, nous ne pouvons ni voir ni toucher; bien qu'il existe une puissance physique en chaque lieu, agissant sur le mort et sur le vif. Ainsi nous voilà donc ramenés nécessairement à l'étude de la nature du Créateur, et obligés de viser au point de comprendre, autant que cela est possible, comment il existe en lui une vie sensible, puissante, infinie, éternelle et incorruptible, car nulle autre ne saurait appartenir à Dieu, et sans elle nul être ne saurait, ni inventer, ni former des projets à exécuter, ni enfin produire des œuvres.

Afin d'ajouter de nouvelles lumières à nos précédentes études, pénétrons dans la sensation humaine. Je sais que ma sensation connaît par elle-même assez pour apprécier les objets extérieurs, pour les distinguer en solides, en liquides, en gazeux; en outre, je remarque qu'elle participe à ma raison, cela est évident, puisque je connais le juste et l'injuste en pratiquant les deux contraires. Elle doit se mouvoir par elle-même, par une force intrinsèque; il le faut bien pour être cause de ses actes et pour jouir de sa liberté; elle est donc un mouvement en soi, indépendant et responsable. L'intelligence et la volonté, étant spirituelles, ne se meuvent jamais, cela est absolument contraire à leur nature; ne se mouvant pas elles-mêmes, comment mouvraient-elles autre chose? Il n'y a que le mouvement qui puisse communiquer la locomotion; cela est certain, bien que l'esprit coopère avec le mobile moteur pour que sa force agisse raisonnablement. On m'a dit à l'Eglise et à la Sorbonne que mon esprit meut mon corps : voilà une chose impossible, à moins qu'on n'admette la génération d'une faculté mobile par des facultés immobiles. Alors mon intelligence est cause aussi bien que ma volonté et ma force. Une vie active et intelligente, tels sont les traits qui caractérisent la sensation; dépourvue des impressions de cette vie, la figure de l'homme, la structure des plantes et des animaux, la lumière des astres seraient pour toutes les âmes comme n'existant pas. Malheureusement, cette nature sensible s'associant en l'homme à la matière pure, cette matière dépouillée de toute intelligence et végétant dans sa corruption, comme les herbes les plus basses, cette matière ignoble fait fermenter en nous toutes les passions de la brute. Mais, par une faveur marquée la nature sensible, dans la race humaine, est destinée à se dégager, à se séparer complétement de cette matière inerte, grossière, attirant l'homme au mal, pour arriver au même rang que les autres facultés, primitivement plus avantagées. Toutefois, sachons bien que ces trois facultés humaines ont pour toujours besoin l'une de l'autre, aucune ne se passera jamais de ses deux compagnes, ni ici-bas, ni au ciel. On chercherait en vain comment Dieu ou l'homme parviendraient à vivre d'une autre manière : non, en chaque être raisonnable il faut nécessairement l'intelligence qui éclaire, la volonté qui commande, la force sensible qui exécute les actes. Si vous séparez la force, la causalité active qui opère l'application, si vous la séparez de l'être en soi, sous le fallacieux prétexte de mieux exalter l'esprit, vous le mutilez et même vous le tuez. —

Cependant, objectera-t-on, la sensation périt dans l'animal au moment de la mort du corps, pourquoi ne serait-elle pas périssable ou mortelle en l'homme ? Parce que dans l'animal la vie sensible lui vient par le corps ; aussi ce sont les besoins du corps, ses intérêts et ses plaisirs qui commandent. Par exemple, le chien flatte son maître, il lui est fidèle, il le venge même après sa mort pour satisfaire sa haine, tou_jours en vue de son intérêt, pour donner du contentement à ses habitudes, à son attachement qui est un plaisir; quant à la notion du devoir supérieur, rien. Le corps détruit, la vie sensible s'éteint comme une lampe qui manque d'huile. Il en est autrement en l'homme, sa faculté de sentir ne vit pas par le corps, son huile est un aliment immortel qui vient et viendra toujours de la raison et de la volonté impérissables ; celles-ci engendrent donc à jamais la faculté qui leur est à jamais nécessaire. L'âme commande aux instincts et ceux-ci, dominés par l'influence de ses enseignements moralisateurs, se sentent obligés de lui obéir comme à leur mère nourricière ; inséparablement unis à elle, ils sont séparables du corps périssable. Il importe de comprendre qu'en Dieu, aussi bien qu'en l'homme, les facultés d'aimer et de vouloir n'existent pas par elles-mêmes, par leur nature propre, car ne faut-il pas connaître avant d'aimer, avant de vouloir ? La connaissance ou la raison a donc partout et dans tous les êtres libres précédé l'amour et la volonté ; pareillement la sensation procède d'un principe antérieur, mais elle est aussi impérissable que l'amour et la volonté ; enfin aucune des trois ne peut vivre sans le secours qu'elles se prêtent mutuellement.

Maintenons donc qu'en Dieu la sensation est une faculté nécessaire, qui nous le montre plus grand que s'il n'était qu'un esprit; sa connaissance sensible subsiste de manière à participer absolument à l'intelligence infinie, puisqu'elle n'a pas été créée, mais engendrée; si bien qu'elle appartient inséparablement à l'existence de cet être sans commencement de toute éternité. Sa nature se meut elle-même, en étant la cause de son mouvement, sans quoi ses actes ne seraient pas libres; cette cause est infinie, universelle, étendant son action pratique en tous lieux, afin d'y produire tous les changements innombrables qui s'observent dans la variété de la multitude des choses célestes et terrestres. En sa qualité de cause éternelle, elle est incorruptible et aussi absolument parfaite que l'intelligence première; en effet, toutes les facultés de l'être sont nécessairement des substances infinies. Pourquoi l'étendue de l'espace physique ne serait-il pas sans bornes comme l'esprit? Cela nous passe et nous surpasse, néanmoins, comment le nier sans absurdité de tout ce qui appartient à la nature divine? Ici l'impossible n'est pas recevable. Si Dieu ne possédait pas cette nature ainsi entendue, il ne parviendrait ni à créer, ni à donner naissance à aucun acte, parce que, pour former des projets, pour méditer une entreprise, il faut avant tout voir les idées à produire, pour ensuite les exécuter matériellement; je dis les voir dans l'imagination, au moyen de la représentation d'images physiques, qui ne peuvent être fournies que par la sensation. L'esprit divin ne s'en passe pas plus que l'esprit humain. Or, jamais la raison ou la volonté ne reproduisent à notre esprit les figures projetant ce que nous voulons faire; c'est donc à l'aide des sens que ces représentations idéales se peignent dans l'âme; sans leur secours, nous n'en verrions pas les formes dans notre esprit. En outre, pour l'exécution elle-même il n'y a que la force, doublée d'une intelligence, lumière éclairant cette force, qui ait la faculté d'opérer positivement et avec art. Cette nature mobile, aussi indispensable au Créateur qu'à la créature, se trouve donc aussi noble, aussi admirable que le sont l'intelligence et la volonté divines, si bien que chacune de ces sublimes facultés égale les deux autres.

Eh bien! cette force sensible, qu'on nierait en vain comme appartenant au premier être, étant un mouvement éternel, on voit que le temps et l'espace sont éternels ainsi que lui. Saint Paul a cru à des corps incorruptibles (Iᵐ Cor., ch. XV); cette croyance s'explique et se justifie. Il les a crus immortels, pourquoi n'y en aurait-il pas un sans date? Supérieur et antérieur aux corps célestes et terrestres, qui sont d'une autre nature, non seulement antérieurs à eux, mais plus anciens que les idées figurées, que les modèles imaginés d'après lesquels ces corps si nombreux ont été créés et organisés au sein du firmament, sur la terre et au fond des eaux; et tout cela fait par le grand architecte qui, sans relâche, travaille pour nous. Voilà comment les idées de la science créée, qui embrassent celles qui se rattachent aux astres, à l'histoire naturelle, à l'homme dans ses rapports avec ses semblables, choses fort importantes, mais en dehors de l'être, comment ces idées, soit en Dieu, soit en l'homme, n'y arrivent qu'au moyen des images; il faut donc des sens qui les fournissent. Par exemple, n'est-il pas nécessaire que l'esprit se représente l'idée d'une ligne, d'un arbre, des hommes et de leur société pour en avoir la pensée? Dans ces conditions, qui sont évidemment celles de tous les êtres doués de raison, il n'y a point d'idées finies, se rapportant à des créatures, qui ne viennent par les sens; tandis que les idées de cause première, de perfection absolue, sont des substances incréées eu Dieu et innées en nous, substances sans lesquelles l'intelligence n'existerait pas ; et même sans lesquelles les idées inférieures ne pourraient naître ni au sein du divin, ni au sein de l'humain. En appliquant notre esprit à ces questions, il importe de toujours bien retenir que la sensation divine n'est nullement une création, c'est un engendrement perpétuel, sans commencement ni fin ; mais sans l'aide de la sensation mobile, la science secondaire ne se montrerait pas dans l'esprit du Créateur ; voilà pourquoi, dans le sein divin, il faut reconnaître plusieurs natures qui coopèrent ensemble. En s'obstinant à le nier, on ne comprend rien à l'être absolu. Du reste, nous croyons avoir fourni un surcroît de preuves qui démontrent que ces espèces d'idées, qui viennent en second ordre, sont postérieures au mouvement et même au temps, car les impressions sensibles sont les premiers mouvements, lesquels précèdent et enfantent les premières idées représentant le fini, produit de l'infini. Pour que Dieu arrive à créer les diverses parties de l'univers, il a donc fallu qu'il en produise l'image par ses sens, afin d'en posséder dans l'esprit le modèle, d'après lequel ces parties ont été créées. Tous les architectes, tous les ouvriers procèdent de cette manière. Et ce moyen de créer ne déprécie en rien la puissance du Créateur ; seulement, en sachant que les idées secondaires sont le fruit émanant des premières avec le concours de la vie sensible, l'explication de cette opération sublime nous fait comprendre l'origine du monde spirituel, exemplaire nécessaire du monde matériel à produire. Par là nous pénétrons dans les secrets les plus merveilleux, ce qui nous élève à Dieu.

Mais si vous supprimez en Dieu tout effet sensible, alors,

sans mouvement physique, point d'images, point de modèles pour construire le monde ; point de lois morales à donner à l'humanité ; donc le mouvement et, par conséquent,
le temps ont précédé toutes les idées finies, d'après lesquelles l'univers et tout ce qu'il renferme a pu être organisé, établi, y compris les lois nombreuses qui règlent les
devoirs humains. Ainsi il faut l'idée de l'humanité avant de
donner des lois futures, destinées à ces hommes appelés à
naître. N'est-il pas ridicule de prétendre que les lois du législateur sont aussi anciennes que le législateur lui-même ?
Telle est pourtant la doctrine platonicienne partout ensei-
gnée, si bien que le faux trône à la place du vrai. Car enfin,
si vous affirmez que les lois morales qui nous règlent sont
éternelles et non l'œuvre de Dieu, alors elles s'imposent à
lui et elles le dominent ; rien de plus absurde. Aussi cent fois
Aristote a-t-il attaqué les théories de Platon sur ce sujet, et
cent fois il a eu raison. Pourquoi donc les Pères de l'Eglise
ont-ils approuvé Platon qui avait tort ? C'est qu'ils n'en-
tendaient à aucun prix reconnaître que la science secondaire,
en Dieu ou en l'homme, provient en partie des sens et a besoin de leur concours. De là bien des erreurs qui excusent
les théologiens anciens et les philosophes modernes sans
les justifier. En effet, le grand maître dont nous exaltons le
génie n'a pas bien compris que, à part les sens, l'intelligence divine et celle de l'homme ne sont rien sans les
idées absolues, que ces espèces d'idées ne viennent nullement des images, qu'elles ne sauraient être des sensations
transformées, comme le disent les sensualistes qui, en
ce point, suivent Aristote. Non, elles ont pour essence
la compréhension de la raison de l'Eternel, de sa haute
personnalité, de son immense puissance, perfections qui

précèdent toute image sensible. Car la sensibilité, qui aide à la formation des idées secondaires, a pour aînées les compréhensions premières de la raison, dans le divin et dans l'humain. De ces causes éternelles en Dieu et innées en l'homme, causes qui s'aident des sens, naissent les connaissances de second ordre et la multitude des lois et des devoirs du ciel et de la terre. J'ai l'idée de la ligne, quand même j'ajouterais en soi, elle ne sera jamais absolue, et jamais sans l'absolu et sans l'image qui la représente à mon esprit je n'aurais pu l'acquérir. Mais si Dieu n'avait pas infusé dans mon être l'idée de perfection absolue qui domine tout, par moi-même jamais je ne serais arrivé à cette idée ; non, jamais mes sens et leurs images, quoi qu'en dise Aristote, n'auraient pu m'enseigner une chose si sublime, si éloignée de ce qu'ils voient et de ce qu'ils touchent.

En résumé, dans cette grande question, le plus difficile mais le mieux consiste à éviter les erreurs où les deux plus éminents esprits de la Grèce sont tombés, chacun à leur tour. Et on parvient à les éviter en suivant la méthode indiquée, telle que nous venons d'en tracer les règles.

CHAPITRE III

COMMENT DIEU EST PLUS GRAND QUE NE L'ONT CRU PLATON
ET SES DISCIPLES ANCIENS ET MODERNES

Cependant, diront les partisans des théories platoni-
ciennes, et ils sont encore plus nombreux aujourd'hui que
dans les siècles écoulés ; à part les matérialistes, tout le monde
n'est-il pas plus ou moins platonicien? Cependant, diront-ils,
Dieu n'a-t-il pas toujours possédé la science universelle de
toutes les choses incréées et créées? donc cette science, qui embrasse le passé et le présent, existe antérieurement au temps,
elle est aussi ancienne que Dieu ; remontez si haut qu'il vous
plaira, comment aurait-il pu l'ignorer? — Examinons et
comparons : sans doute il y a une science de l'être que
Dieu a toujours dû connaître, celle de son être; ainsi il a
toujours compris, d'une connaissance sans commencement,
la profondeur de son intelligence, l'immensité de sa volonté
et la puissance infinie de sa force sensible, présente partout
et agissant dans toute l'étendue de l'espace. Voilà la science
absolue de l'infini; je nie qu'il y en ait une autre avant le
mouvement; cette autre, qu'on suppose éternelle, ayant
pour objet une cause différente de l'être sans commencement, et existant à part lui : cela est absurde. Ou bien ad-

mettez-vous deux causes séparées, deux choses éternelles
désunies? Autre non-sens. Évidemment, s'il y a une science
de choses hors de Dieu aussi anciennes que lui, alors ces
choses idéales constituent un objet éternel et impersonnel,
différent de Dieu. Je me connais moi-même et ma connaissance est moi-même; d'une manière analogue, Dieu se connaît éternellement lui-même, et sa connaissance n'est pas
autre chose que lui-même, existant seul avant tout, dans sa
raison, dans sa volonté, dans sa puissance, dans sa trinité
éternelle ; tandis que tout ce qui est en dehors de lui et de
ses attributs, les choses spirituelles comme les choses maté-
rielles, toutes sont créées par lui en émanant de lui. Eh
bien ! c'est le cas de la science sortie de l'âme par laquelle
nous connaissons, nous nous représentons le présent et le
lendemain, science du créé et créée elle-même, émanant
de la personne ; elle se trouve impersonnelle, soit qu'elle
doive sa naissance à l'intelligence infinie et personnelle,
soit que l'homme la produise au moyen des sens. Quant à
la science éternelle, elle se confond avec l'intelligence infinie et personnelle. En nous notre science innée ou venue
par l'infusion divine ne fait qu'un avec nous, elle est inséparable de notre être ; pour ce qui concerne notre science
venue par les sens, elle est impersonnelle, par elle nous
sommes rattachés aux connaissances du monde et non à
celles qui nous unissent à Dieu ; ce sont là des instruments,
précieux sans doute, mais qui ne font aucunement partie de
notre nature. Ainsi, Dieu a dû produire les idées de la
science impersonnelle à mesure qu'il en avait besoin pour
construire et meubler magnifiquement le grand édifice de
l'univers, édifice dont le sublime architecte a préalablement
tracé dans son esprit les lignes de son vaste dessin, pour

ensuite l'exécuter. Cependant, si ce dessin idéal est éternel, alors il égale Dieu, d'abord en éternité et en outre comme modèle parfait qu'il est tenu de suivre. Conséquence vraie, irréfutable et opinion fausse; oui, opinion tout à fait platonicienne, tout à fait augustinienne et tout à fait insoutenable.

Quant à la prévoyance des faits contingents à venir, dans l'histoire de l'humanité et dans la vie particulière de chaque homme à chaque heure du jour, vue anticipée qui aurait tout prévu antérieurement à la naissance du monde, elle suppose une prédestination fatale qui anéantirait tout libre arbitre dans la créature; par elle on rend le ciel responsable de tous les crimes. Ce seul motif suffirait pour repousser une telle doctrine, mais il en est d'autres encore plus dominants; car si l'histoire à venir, avec tous ses détails, existe éternellement dans l'esprit divin, il suit de là que voilà une chose contingente, produite par des événements, qui se trouve être éternelle et aussi ancienne que Dieu; et pourtant vous ne pouvez la confondre avec son essence. Rien ne se conçoit de plus contraire à l'honneur de Dieu que cette idée, rien ne répugne davantage au sens commun, et même à la conscience qui ne nous permet d'admettre, comme éternel, que Dieu seul avec ses attributs, mais rien au delà; or, évidemment, sa science des choses créées n'est pas lui, puisqu'elle est impersonnelle. Les théologiens ont donc grandement tort de la croire incréée, en la confondant avec Dieu lui-même. Comme ils auront tort de réprouver l'idée que le mouvement éternel est un attribut divin; car si l'existence de l'être absolu se passe de la prévision de l'histoire à venir, qui est en dehors de son essence, elle ne s'est jamais passée de la puissance active qui ne vit pas sans le mouvement. Supprimez le mouvement, l'organisateur du monde est impuissant à organiser, il n'y a plus de Dieu.

Quoi de plus beau, de plus important, que de chercher à connaître Dieu, au moyen des lumières de la Vérité éternelle qui viennent se refléter dans notre âme ; le sceptique se rit de nos efforts, mais son persiflage n'empêche pas la Vérité d'attester son existence en nous, en parlant haut dans la conscience ; dans ce sanctuaire, elle y soutient constamment la dignité de Dieu et son droit à exiger la soumission de la volonté. L'âme humaine connaît la première ses ordonnances pleines de justice et de raison, et, quand la volonté les méconnaît, elle manque au devoir, à moins d'excuse légitime ; car chaque Vérité éternelle mérite le respect et l'obéissance de tous. Repoussée soit par superstition, soit par scepticisme, soit par un de ces faux jugements, comme il y en a tant, venant de notre faute, cette pensée constitue une offense injurieuse envers l'Être suprême.

Eh bien ! parmi les Vérités éternelles dont la croyance est digne de Dieu, et oblige l'homme a s'incliner devant elles, nous avons à compter et à recevoir comme article de foi ce point de doctrine fondamentale, qui affirme que l'intelligence est la cause première, d'où procèdent tous les attributs contenus en Dieu. Énumérons d'abord le jugement absolu, puis l'amour sans bornes, la volonté qui constitue la personne et cette sensibilité productrice des actes moteurs, dont la puissance éternelle agit en tous lieux pour régir l'Univers, dans ses moindres changements de place et de forme. Telles sont les principales facultés de l'Être sublime qui règne sur nous, autrement, si à la suite des spiritualistes outrés et en se servant de prétextes déraisonnables on supprime ce qui est propre à l'Être divin et à ses fonctions les plus essentielles, on en fait quelque chose de monstrueusement incompréhensible dans sa monstruosité. Mais il y a des esprits aveuglés qui se font un mérite, d'autant plus grand, qu'ils croient aux choses les plus monstrueuses.

Afin de justifier et de fortifier le dogme capital que nous venons de poser, remarquons, comme nous l'avons déjà fait nombre de fois, qu'il faut nécessairement que l'âme connaisse avant d'aimer et qu'elle aime pour qu'il lui devienne possible de vouloir ; et, après le vouloir, vient seulement la force d'agir. Cette loi universelle ne souffre aucune exception, elle existe aussi bien pour Dieu que pour nous, attendu qu'elle tient essentiellement à la nature de tous les êtres qui pensent. Ainsi, dans l'éternité, l'intelligence a la propriété de se trouver absolument primordiale ; cependant, Dieu, nous en prouverons la nécessité, ayant toujours, avant toute durée mesurable, engendré ses facultés, elles se trouvent par là aussi anciennes les unes que les autres, si bien que, par cet engendrement instantané, les secondes sont contemporaines de la première, d'où elles procèdent ; aucune n'a de commencement, puisque aucun temps n'a commencé avant l'apparition d'aucune d'elles ; rien en Dieu n'a de date, ce qui est la caractéristique de l'éternité de tous ses attributs.

Comment Dieu n'a-t-il pas commencé ? Cela passe notre entendement, néanmoins il y a pourtant là une vérité certaine, et on la démontre. Comment la volonté et la sensibilité, venant en l'âme après la connaissance, comment soutenir raisonnablement que ces deux facultés cadettes n'ont pas commencé ? Voilà, sans doute, une chose difficile à comprendre, toutefois, on en vient à bout quand on réfléchit

qu'entre les diverses facultés, il n'y a point de temps écoulé,
il n'y a qu'un instant indivisible, en sorte qu'elles sont contemporaines, et aussi anciennes les unes que les autres
Toutes vivent en Dieu avant la naissance du créé et même
avant le temps qui vient après la seconde faculté, mais antérieurement à toute création. Ainsi le mouvement de la
force n'a pas commencé, puisque, comme tout ce qui est infini, il n'est pas mesurable ; il se trouve donc aussi ancien
que la volonté qui lui donne la vie. Sans doute, les mouvements qui s'effectuent dans ou plutôt après le temps se
mesurent et s'estiment, mais il en est un dont on ne peut
compter les moments, un qui n'a pas de date.

Il y a cependant une différence à signaler entre l'éternité
et le temps : l'éternité est antérieure au temps, car l'éternité existait dans la raison première avant le mouvement.
Néanmoins, comme le pouvoir actif ou le mouvement se
trouve engendré dans un instant indivisible, sans qu'aucun
moment se soit écoulé, il en résulte que le temps est aussi
ancien que l'éternité, laquelle est pourtant mère du temps.
La science temporelle vient ensuite après un temps écoulé,
le temps a donc existé avant la création de cette science.
Quant à la science éternelle, c'est-à-dire celle par laquelle
Dieu se connaît, elle existait antérieurement au temps, bien
que l'éternité et le temps soient contemporains et demeu-
rent également incommensurables ou infinis, comme étant
des attributs de Dieu.

Le jet d'une source puissante, qui aurait éternellement jailli,
serait un mouvement à sa sortie aussi ancien que la source ;
mais de l'origine de ce jet, qui est un mouvement dans un
temps sans commencement, de cette origine au sommet de
son élévation il y a un intervalle, une durée calculable. Pa-

reillement, le commencement est éternel ou plutôt il n'y a pas
de commencement divin, ni pour sa volonté engendrée, ni
pour son mouvement. Donc, les facultés engendrées, ayant
éternellement jailli du sein de leur mère, c'est-à-dire de l'intelligence infinie, sont aussi éternelles que leur mère, et aucune durée ne les rend moins anciennes que leur mère. Pareillement encore, prenons l'homme pour exemple : j'ai toujours aimé et voulu comme j'ai toujours connu; et pourtant
j'ai connu avant d'aimer, avant de vouloir; mon amour et
ma volonté sont nés en même temps que ma vie animée ou
sensible et se continueront à jamais; mes facultés restant
aussi anciennes, comme ayant paru dans un moment instantané. Aussitôt que je vois, que je connais un beau tableau
ou une belle vérité, je les aime, j'en jouis, sans qu'on puisse
distinguer un intervalle entre ces diverses opérations de
mon esprit. Par contre, les mouvements sensibles qui m'a-
gitent précèdent en moi les mouvements matériels du corps,
ils se séparent les uns des autres; en effet, malgré mon
émotion, souvent je suspends, s'il me plaît, les mouvements
de mes membres avant de les faire marcher ou agir d'une
autre sorte. Ainsi, ma vie mobile existe à part et avant le
mouvement corporel, qui n'est qu'une communication détachée de mon moi, c'est-à-dire que ma locomotion corporelle n'est qu'un second mouvement produit par mon premier mouvement personnel. Ces opérations d'engendrement,
qui font qu'une faculté divine ou humaine sort d'une autre,
comme la fleur sort du bouton, n'ont donc rien d'anormal,
surtout rien de miraculeux, tellement que le mystère de la
Trinité, étant bien compris, n'est plus un mystère. Qu'en
savez-vous? dira un sceptique. — L'évidence est une certitude. D'ailleurs, si on nie cette doctrine, ni Dieu, ni

l'homme ne sont explicables; par elle une lumière pénétrante éclaire ce profond problème, qui se trouve enfin résolu, autant du moins qu'il peut l'être en ce monde. Mais si on nie la procession des facultés divines et humaines, l'obscurité revient; alors on se demande quelle est la liaison qui rattache entre elles les diverses puissances, qu'on voit en l'âme, vivre en famille, en se prêtant un appui mutuel? D'ailleurs, en supposant que l'amour, la volonté et l'intelligence ont existé simultanément, sans que l'un soit antérieur à l'autre et en procède, dans ce cas, il y aurait donc éternellement plusieurs principes premiers? Rien de plus extrêmement faux. Et puis, l'homme aurait aimé sans savoir, il aurait fait une chose sans faire un choix; sa volonté, n'étant reliée à nulle chose, aurait voulu sans connaître si elle doit repousser ou désirer tel ou tel objet.

Quelle belle et incomparable gloire pour les Pères de l'Eglise d'avoir compris et osé courageusement enseigner au monde qu'en Dieu il a une procession d'où sortent ses semblables égaux à lui-même! Sans cette opération processionnaire, comment une intelligence unique aimerait-elle et agirait-elle? Il y a une si grande différence entre la raison et la volonté, comment s'influencent-elles? Par un engendrement fécond. Une telle idée, complétement ignorée des prophètes juifs et encore davantage des philosophes de la Grèce, mérite d'être admirée comme la plus sublime lumière qui ait jamais été projetée sur ces immenses questions; par cette science surhumaine nous nous sentons élevés à des hauteurs éblouissantes. Pour Moïse, Dieu est le Tout-Puissant; pour Platon, pour Aristote, il est l'intelligence pure où il se concentre; mais de telles conceptions sont très insuffisantes et très obscures, elles laissent l'esprit dans une incertitude pénible sur les points les plus essentiels. Si Dieu pense sans aimer, quelle idée pouvons-nous nous faire de lui? Sa puissance et sa science représentent deux natures très dissemblables, comment s'harmonisent-elles ensemble? Avant le christianisme autant de points noirs qu'aucun œil n'a percés, ni celui de Moïse, ni celui de Platon, ni celui d'Aristote. Enfin viennent les Pères de l'Eglise, éclairés par l'Evangile; ils proclament que Dieu existe comme étant à la fois la puissance souveraine, l'amour absolu et l'intelligence infinie; le premier principe engendrant éternellement les deux autres, lesquels sont aussi anciens que le Père. Idées aussi sublimes que fortes qui expliquent Dieu, et ont, de fond en comble, révolutionné le monde adorateur des idoles. Par elles, le paganisme a été vaincu, et la philosophie, aussi soumise qu'humiliée, a dû devenir la pauvre servante de cette théologie hautaine et fière, qui avait le droit de dominer, car, au milieu de beaucoup de superstitions, elle contient une science si puissante qu'elle écrase celle des docteurs du passé.

Cependant, il y a dans cette doctrine, que nous maintenons comme étant très supérieure à toutes les études des Grecs, à toutes les théories antérieures qui traitent de la nature divine, cependant nous comptons en elle trois erreurs capitales. Nous en avons déjà signalé une énorme, en démontrant que la puissance ne saurait être le premier principe engendreur. La seconde consiste à considérer les facultés processionnaires comme étant des personnes, tandis que l'une forme la personne, et la troisième énergie complète l'être; ce que nous avons précédemment démontré; autrement point d'unité. Enfin, la troisième erreur dont l'humanité aura à s'affranchir, non sans beaucoup de peine, est celle qui ne reconnaît pas à la puissance, l'activité vivante, le mouvement éternel, uni au savoir nécessaire pour exécuter les actes physiques, mouvement indispensable à l'éternel ouvrier.

Je dis que la personne se résume dans la volonté absolument libre, qualité suprême qui n'existe que d'une manière restreinte dans l'intelligence et dans la puissance ; la première dépendant du jugement et la seconde du mouvement. La souveraineté personnelle reste donc à la volonté qui seule est une, résumant en elle l'unité qui répond des actes ; car elle se trouve garante du tout, ne se soumettant aux autres que si elle le veut bien. Sous d'autres rapports, la première et la troisième associées ont leurs privilèges qui les égalent à la volonté. Quant à nier que la volonté ne découle pas en l'être de la cause primordiale, alors on suppose une absurdité ; c'est-à-dire que l'intelligence et la volonté formeraient deux énergies, deux âmes séparées, car, ne descendant pas l'une de l'autre, aucun lien entre elles. En fait, il demeure constant que toute âme réelle du ciel et de la terre existe nécessairement à l'état raisonnable, volontaire et sensible ; bien que ces trois natures, en relation constante, ne se confondent jamais ; cependant, la première exerce une autorité morale, un droit de censure incontestable, sur les secondes. Cette autorité ne saurait être accordée à la puissance supposée en Dieu comme Père génital ; en effet, il est clair que la puissance dont on entend parler est celle qui agit, qui produit ; or, avant d'agir, avant d'accomplir un acte quelconque, ne faut-il pas que l'âme sache au moins qu'elle existe et ce qu'elle est capable de faire ? Le savoir de ce qu'il est, et la connaissance du vrai, armée de la faculté de juger, précède donc en Dieu,

aussi bien, quoique imparfaitement en l'homme, toute autre
énergie ; cette priorité, avec droit de contrôle, droit d'ap
prouver et de condamner, n'appartient donc qu'à l'intelligence inengendrée. Croyance sublime qui s'impose à la
conscience, parce qu'elle importe au respect de la majesté
divine, tout en elle se réglant sur la raison et non sur la
puissance, inférieure en nature sous le rapport de la sagesse
et de la justice, auxquelles elle ne fait que participer en en
recevant la lumière. D'ailleurs, la première et la troisième ont
leurs mérites, qui sont immenses et les égalent à la personne.

Ainsi, on a tort d'affirmer dogmatiquement que Dieu possède la puissance génératrice en qualité de principe premier, avant de rien savoir, avant la Vérité éternelle, essence
inengendrée et raison de toutes choses ; en parlant tout autrement, on nous donne du Créateur une idée fausse, mé-
prisable, qui porte atteinte à l'honneur que nous lui devons.
Car nous devons adorer en Dieu le pouvoir issu, c'est-à-
dire comme fils et non existant en qualité de Père ; et la
gloire du fils ne consiste pas à être la Vérité même jugeant
les actes, mais à se dévouer à l'esprit de Vérité qui l'a engendré. Ainsi, le pouvoir absolu bien compris n'a pas pour
nature d'exister par soi-même et de communiquer une vie
semblable à la sienne ; non, ce privilège appartient à l'intelligence. Tellement que la Vérité éternelle est la mère de
tout, et elle a droit à un culte spécial. Du sein infini de
cette mère divine procèdent continuellement, depuis un
temps qui n'a pas commencé, la volonté éternelle et la puissance éternelle ; de ces trois natures sont émanés le monde
et tout ce qu'il renferme dans le présent ; et d'elles naîtront
encore, chaque jour à venir, les âmes humaines qui se suc-
céderont dans la suite des siècles.

A la lumière de ces convictions un grand dévoilement se produit, et ces questions, qu'on croyait à jamais impénétrables, deviennent claires. Persistera-t-on encore à répéter, à satiété, que de telles questions sont insolubles et qu'il est préférable de ne pas s'en occuper? Oui, sans doute, on le répétera. Cependant, cette solution est ici résolue, et nettement offerte à qui veut se donner la peine de la sonder. Qui connaît l'homme connaît Dieu, au moins dans la mesure qui nous limite en ce monde dont l'imperfection nous enserre.

CHAPITRE IV

LES DÉISTES ET LES TRINITAIRES

On nomme ordinairement déistes ceux qui croient à
l'existence de Dieu, en rejetant toute révélation surnaturelle.
Mais on peut appliquer, et j'applique ici ce nom, aux
hommes qui n'admettent en Dieu qu'une personne et n'y
reconnaissent qu'une nature. Eh bien ! en considérant tous
les habitants du globe qui, par leurs sentiments, se rattachent à Dieu, sans parler de ceux qui s'efforcent de s'en
détacher le plus qu'ils peuvent, on est amené à les diviser
en deux grandes classes très distinctes : les déistes, qui ne
voient en Dieu qu'une unité solitaire, et, d'autre part, les
trinitaires, qui reconnaissent en lui une sorte de société,
une trinité composée de plusieurs membres dont l'union
constitue l'être divin, lequel se trouve ainsi un et multiple
à la fois. Parmi les premiers on doit compter les Juifs, les
musulmans, les philosophes de la Grèce et ceux plus près
de nous, tels que Voltaire, J.-J. Rousseau et un nombre
considérable de nos contemporains. La science des choses
divines des déistes les plus avancés se trouve nécessairement en retard de dix-huit siècles ; ordinairement ils pro-

fessent que Dieu est un esprit ; à la faible lueur de cette
pensée on ne conçoit pas comment une intelligence seule,
une raison immuable peut mouvoir le monde et avoir des
relations avec l'humanité. En outre l'homme qui a la conviction qu'il est fait à l'image de Dieu, ne découvre pas de
ressemblance entre cette raison immanente et lui-même ; il
sait d'abord qu'il est animé d'une vie active qu'on ne lui
montre pas en Dieu, il sent qu'en son être il est plusieurs,
qu'il y a une société dont les associés s'agitent afin de s'aider mutuellement. D'ailleurs la croyance à cet esprit unique
n'aide nullement à comprendre comment la création de la
matière émane de Dieu, à moins d'admettre un miracle, ce
qui répugne à toute âme philosophique. Outre ces obscuri-
tés où l'esprit se perd, nos unitaires outrés ne voient pas
leur influence grandir ; non, ils ne progressent pas, tandis
que depuis dix-huit siècles l'histoire constate le nombre
croissant des trinitaires ; leurs partisans augmentent de
jour en jour et leurs conquêtes s'étendent sur toute la surface de la terre habitée. Eh bien ! la Providence ne favorise
pas l'erreur ; si l'idée fondamentale de la procession en Dieu
était fausse, il y a longtemps qu'elle serait morte.

Vous nous dites que Dieu est une intelligence, enfin une
seule chose, mais il est aussi un amour, une volonté, ce
sont là des choses dissemblables, des natures qui se différencient par leurs propriétés essentielles ; car il est évident
que ma volonté se distingue nettement de ma pensée. —
Vous répondez que Dieu est incompréhensible ; c'est aussi
l'opinion des catholiques ; néanmoins, ils savent marquer la
différence d'origine qui existe en Dieu entre l'intelligence
et l'amour, entre le Verbe et la puissance ; ainsi leur
science religieuse surpasse la vôtre. Cette idée de Jésus

qu'en Dieu une essence divine procède d'une essence antérieure, cette idée est née d'une inspiration sublime; on la
trouve d'autant plus vraie et plus belle qu'on s'assure, en
l'examinant, que dans tous les êtres créés à l'image de
Dieu il se passe des opérations analogues. Il y a là un
rayon de lumière qui, pendant la nuit, a fait tressaillir
l'âme de l'humanité en déchirant le bandeau noir posé par
les déistes.

Cependant les théories des cléricaux n'ont pas le mérite
d'être entièrement satisfaisantes, ils nous présentent des vérités qui ne sont que partiellement vraies. Par exemple, on
a le droit de leur adresser le reproche de confondre le Père
avec le Fils, en adorant dans le Père la puissance qui est
réellement dans le Fils, auquel on doit un culte différent.
O vous qui commettez cette erreur! croyez bien que le
Dieu véritable est celui dont l'intelligence première a engendré les autres facultés divines; ainsi de la Vérité éternelle
inengendrée sont sorties la volonté et la puissance active
dont la main sensible, mais invisible, gouverne les mouvements des grandes et des petites choses dans l'Univers.
Toute autre croyance contient en elle le germe d'un faux dieu.

Voyons plus haut et regardons plus au fond, bientôt, si
Dieu nous éclaire, nous reconnaîtrons que dans les entrailles de l'absolu il n'y a pas trinité de personnes : trinité de natures, oui; trinité de personnes, non. En
portant la sonde dans les profondeurs de l'être on y trouve
trois natures parfaitement distinctes. Comment, je le demande, est-il permis de confondre la nature de la raison
pure, ayant les caractères de l'impersonnalité avec la
volonté? Cette dernière assure la responsabilité à elle seule;
les deux autres, la raison en soi, la puissance en soi, sont

impersonnelles ; il n'y a d'intention louable ou coupable
que dans la volonté. Elle est donc bien la personne.

L'impersonnalité se caractérise par l'irresponsabilité, on
arrive à la preuve certaine, que la raison et la vie active
ou la puissance sont en nous irresponsables et consé-
quemment impersonnelles, par la démonstration suivante.
Considérons d'abord la puissance, elle n'est pas responsable, puisqu'elle ne fait qu'exécuter les ordres que la
volonté lui commande. Par exemple, lorsqu'un acte mauvais se produit sans le concours de la volonté il est inno-
cent, à moins qu'il n'y ait imprudence, et encore dans ce
cas il est excusable. Quant à la raison, elle cherche toujours
à nous bien conseiller, et même, si nous avons méprisé ses
avis, la conscience intervient pour nous adresser des repro-
ches. Dans notre opinion, la raison humaine nous paraît
incapable de se tromper, seulement elle est souvent mal
comprise de la volonté. Du reste, parfois il arrive que la
volonté voit le juste et que par intérêt elle préfère l'injuste.
Néanmoins, dans aucune circonstance, soit que la raison
s'égare de bonne foi, soit que, selon nous, son jugement
reste toujours droit, elle n'est pas responsable, puisqu'elle
n'est pas susceptible de pécher. Donc l'intelligence est impersonnelle, comme nous l'avons prouvé de la puissance.
Ainsi il en résulte que des trois facultés qui existent dans
l'être, deux sont impersonnelles, puisqu'elles se trouvent
dans des conditions qui ne leur permettent pas de faire le
mal ; cependant elles ont chacune le droit d'être estimées
et récompensées ; la première gagne ce droit en aimant le
bien et en guidant la volonté ; la troisième en produisant
des œuvres utiles sous les ordres de la seconde. Ces deux-
là n'ont donc qu'une liberté restreinte, tandis que la volonté

14

jouit d'une complète indépendance, qui fait d'elle une personne digne de louange ou de blâme ; blâme qui n'atteint jamais ses compagnes, lesquelles sont incapables de démériter. Elles ne peuvent que se rendre dignes de récompense.

Par exemple, en nous élevant plus haut, pense-t-on que si la volonté divine n'avait pas pouvoir de faire le mal, aurait-elle autant de vertu, serait-elle absolument libre, porterait-elle le caractère d'une véritable personne ? — Non, mais elle possède cette faculté qui n'est pas absolument nécessaire à la raison. Je dis que la liberté de se jeter dans le mal grandit la vertu divine au suprême degré, puisqu'elle a un mérite infini à rester parfaite, puisqu'elle travaille toujours au progrès du bien, malgré les entraves que la pratique de sa justice et de sa bonté rencontre de notre part, et qu'elle parvient à vaincre ; malgré le mauvais vouloir des hommes, toujours prêts à insulter à ses lois et à braver insolemment le devoir, ce qui néanmoins ne décourage pas le dévouement sublime de sa volonté ; autrement elle s'abaisserait.

Dans la société trinitaire des cléricaux, rien de pareil : d'abord trois volontés ; aucune des trois n'a droit au commandement ; c'est le désordre, puisque la subordination manque. Que faut-il pour l'ordre et la gloire de chacun ? Il faut que la première individualité instruise la seconde et lui commande ; puis que la seconde, à son tour, commande à la troisième son devoir, devoir à appliquer dans la pratique, et que ce troisième est seul en état d'accomplir. Alors il règne une harmonie qui donne un mérite égal à chaque individualité, dans la sublime association des fonctionnaires de la vie, soit divine, soit humaine. Dans l'être absolu bien compris, on ne conçoit pas que la liberté volontaire s'écarte jamais du vrai; mais il le peut, et sa vertu est le seul garant qui nous assure que ce désordre ne se produira en aucun temps. Du reste, ces suppositions sont permises afin de faire comprendre la grandeur de la perfection qui anime l'Eternel, afin de montrer que, pour maintenir en lui le sublime de cette perfection, il a besoin des efforts persévérants de sa volonté; efforts qui se continuent avec persistance et sont à la fois admirables, nécessaires et tout à fait dignes de lui.

Mettra-t-on en doute cette lutte glorieuse, sous le vain prétexte d'une paix complète, d'un calme parfait de la pensée divine que rien ne vient troubler? Si oui, alors on fait de la Divinité un être indolent, indifférent à tout, ou bien une fatalité sans entrailles, qui règne sans amour sur des inférieurs dédaignés; alors on refuserait à Dieu une qualité extrêmement noble, celle de combattre le mal en employant toute sa force et tout son courage, tout en conservant son calme et sa paix; qualité qu'on accorde ou qu'on recommande à l'homme, ce qui le rehausse et le grandit. Saint Augustin, afin de mieux appuyer cette manière de voir que nous repoussons, ce docteur prétend que Dieu n'aime que lui-même et tout pour lui : rien de plus odieux. Non, Dieu nous aime; point de doute, sa bonté combat pour nous, pour le bien, pour nous faire participer à sa grandeur et à son bonheur. En déniant à Dieu cette générosité qui le fait combattre, ne voyez-vous pas, malheureux, qu'en nous arrachant cette foi, vous nous enlevez l'idée magnanime et sainte qui nous fait adorer la Divinité, ou bien vous nous condamnez à adorer une idole?

Quant à la raison et à la conscience, elles cherchent tou-

jours à inspirer à l'homme le bien et le juste ; si la volonté
suit le mal, ce n'est pas la faute de l'âme proprement dite,
elle ne peut démériter. Enfin, la sensibilité a pour fonction
d'exécuter les ordres de la volonté ; si, dans les actes, il y a
culpabilité, elle reste à la volonté ; tandis que les efforts généreux de la force sont dignes d'éloges. Tellement que, soit
en Dieu, soit en l'homme, la volonté ou la personne peut
seule faire le mal, ce qui arrive dans la créature unie à la
chair, et jamais dans le Créateur séparé de la matière
créée.

NOTES EXPLICATIVES

SUR L'ORIGINE DE LA FORCE ET DU MOUVEMENT CHEZ L'HOMME
ET CHEZ LES ANIMAUX

NOTE PREMIÈRE

LA FORCE HUMAINE FAIT-ELLE PARTIE INTÉGRANTE DE LA NA-
TURE DE L'HOMME, OU BIEN APPARTIENT-ELLE A SON CORPS?

Par exemple, la force raisonnable qui réalise mes actes
responsables est-elle à moi, fait-elle partie de moi, ou bien
existe t-elle hors de moi? Si elle existe hors de moi, elle
n'est pas libre, elle n'a ni mérite ni démérite, toute l'estime
due aux œuvres revient, soit à la volonté créant un mouvement hors de soi et de moi, soit au corps. Mais ma volonté
peut bien commander, ordonner, cependant qui exécute
avec connaissance? La force sensible, laquelle anime le
corps; car la volonté n'est pas un agent agissant dans un
lieu, et il faut bien un agent travaillant en sachant ce qu'il
fait; alors, a la force qui opère le principal mérite des actes
matériels. Qui est-ce qui travaille physiquement? N'est-ce

pas la vie active ou motrice se servant du corps comme instrument aveugle, si bien qu'à elle seule l'impulsion et la production? Enfin, la dextérité de la main et la direction du bras n'appartiennent qu'à elle, ainsi à elle le premier honneur des belles œuvres d'art et des actions d'éclat, honneur qui n'est pas dû à une brute.

Cependant, la force humaine est proportionnelle à la vigueur du corps, parce que, pour agir, elle prend ses points d'appui sur des membres plus ou moins solides, pèse sur le ressort de nerfs plus ou moins capables de soulever, de réagir et de résister énergiquement en réagissant. Néanmoins, la cause de ma vie laborieuse, celle par laquelle je marche et je porte des fardeaux, n'est pas le corps et n'en provient pas, sa source est dans ma partie immortelle en nature, qui lui donne l'animation et l'immortalité. De ma volonté, elle sort vivante et puissante, avec des caractères qui la différencient de sa mère génitrice ; elle en sort pour mouvoir à propos et convenablement mes membres, ce qu'un instrument secondaire ne pourrait faire d'une manière conforme à la raison. En outre, par l'élévation des instincts moraux que Dieu lui inspire, si elle en profite, ses sentiments la grandissent au-dessus des impressions du corps mortel ; et alors elle acquiert le droit d'enseigner l'homme et de lui rappeler ses devoirs. Si bien que souvent la sensibilité, quand elle écoute la voix intérieure, égale et conseille bien la volonté ; quoique, plus souvent encore, sa faiblesse, due au contact du corps, se laisse entraîner par lui ; dans ce cas très fréquent, elle cherche à pousser la personne humaine sur une pente qui est sa perte.

La thèse que je soutiens ici consiste donc à démontrer que ma volonté engendre une force, laquelle participe à mon

être et agit invisiblement dans mes organes ; voici par quels
raisonnements, basés sur des faits, je crois y parvenir. Il
n'y a que le mouvement qui soit en état d'imprimer le
mouvement ; tous les corps mus ne changent de place que
par l'action physique d'autres corps, qui les attirent matériellement ou les poussent. Il n'y a point de moteur direct
immobile, il y a seulement des effets mobiles, qui trans-
mettent leurs mouvements à d'autres corps ; ou bien des
moteurs mobiles, éternels en Dieu ; et d'autres qui naissent en l'homme, lesquels sont libres et agissent avec l'é-
nergie de vraies causes, en produisant tous les mouvements
qui existent dans l'Univers. Les natures spirituelles éclairent et influencent moralement, mais elles restent impuissantes à communiquer la locomotion directe ; en vain nous
vient-on dire qu'elles créent des forces, ces forces ne peuvent être lancées ou poussées par un esprit ; non, car il n'occupe aucun lieu, il ne saurait changer de place ni faire un
effort quelconque.

Eh bien ! la volonté est-elle un mouvement ? Non, alors
elle se trouve incapable de communiquer le mouvement à un
corps. Si elle était un mouvement, dans ce cas, elle ne serait pas absolument libre ; or, la liberté sans bornes est sa
caractéristique ; seule, de toutes nos facultés, elle brave
tout. Si elle était un corps ou une force, il suffirait de vouloir pour être fort et, en outre, il n'y aurait aucun mouvement involontaire. Un mouvement à réaliser, mais quand
j'entreprends une occupation, il ne suffit pas de vouloir, il
faut le savoir faire, l'habitude, la force et l'adresse ; autrement, on se trompe sans cesse, on commet des bévues qu'on
n'attribue pas à la volonté ; à qui donne-t-on la faute ? A la
faculté d'appliquer ce qu'on a conçu théoriquement. Il y a

donc bien réellement en moi une puissance d'application
opérant à part, qui ne se confond pas avec la volonté ; en
l'homme elle exerce un emploi particulier, tout à fait nécessaire, et n'est certes pas une machine, quoi qu'on en dise.

J'ajoute que cette puissance d'effectuer des actes naît ou
procède de la volonté, parce qu'il faut vouloir intérieurement avant que la force n'agisse extérieurement. J'ajoute
que cette faculté étant sous la tutelle, sous l'empire de la
volonté, il faut, pour que celle-ci la domine, qu'elle l'engendre, en sorte que cette puissance de pratiquer la théorie
soit la fille de celle qui l'alimente, et par là possède le pouvoir et le droit de la diriger, de la commander. Dans ce
cas, objectera-t-on, la volonté spirituelle créerait donc une
nature matérielle, ainsi vous attribuez à la créature un pouvoir surhumain, égal à celui de Dieu. — Prenez garde, je
ne dis pas que la volonté humaine agit seule ; dans tous les
changements, dans toutes les transformations étonnantes
qui se produisent dans la nature visible, il y a toujours la
main invisible de l'ouvrier éternellement infatigable, travaillant à améliorer son œuvre. Par exemple, de la forme
primitive du fœtus, cet enfant à naître, par une métamorphose surprenante, la Providence le fait passer à l'état
d'homme raisonnable, possesseur d'un esprit immortel. Mais
cette première naissance n'est pas la seule, par la production de la volonté et ensuite par la formation de la sensibilité vitale qui vient animer la momie, il y a réellement trois
naissances avant l'achèvement complet de l'organisation.
Oui, trois naissances successives aussi nécessaires, aussi admirablement extraordinaires les unes que les autres. La dernière métamorphose fait apparaître la vie sensible qui se répand dans la profondeur de toutes les artères du corps, pour

en prendre possession : autrement point de mouvements volontaires, point de vie, si ce n'est, peut-être, la nutrition, la croissance du corps et sa décroissance jusqu'à la mort. Je répète : trois naissances, et la troisième n'est pas la moins importante, puisque sans elle il n'y aurait pour nous aucune différence entre l'éclat du jour et les ténèbres de la nuit. La raison se manifeste la première, attendu que seule elle a la faculté de penser et de raisonner, les autres se montrent nécessairement après en descendant d'elles, parce que, privées de la connaissance des principes supérieurs, elles ne pourraient ni vouloir, ni agir avec l'intelligence qui distingue l'homme, créé à l'image de Dieu. Il est vrai que la volonté se connaît, comme la sensation connaît les corps, sans le secours de la raison, mais ôtez-leur l'aide de la raison, privez-les des lumières de l'esprit, premier-né, il leur manque l'idée de cause, l'idée du juste et de l'injuste, sans lesquelles les facultés engendrées ne peuvent faire de l'homme un être responsable et réellement supérieur à la brute. Ces idées premières sont involontaires et sans image, ce qui prouve bien qu'elles précèdent la volonté et la sensibilité ; leur pensée est indépendante des sens.

Aristote soutient avec raison, et répète plusieurs fois dans son *Traité de l'Ame*, que l'intelligence est impassible par rapport au corps, tellement que le corps et l'homme peuvent beaucoup souffrir sans que cette souffrance trouble la paix de cette nature sublime. « L'intelligence, dit-il, est séparée, impassible, sans mélange avec quoi que ce soit ; par essence elle est en acte ou parfaite » (livre IIIe, ch. v). Voilà comment on s'explique qu'elle reste calme et sereine, pendant que l'homme se débat dans la douleur. Toutefois, certaines de ses opérations peuvent être entravées, quand, cherchant hors de soi, elle désire se servir des sens; mais rien ne l'atteint dans son for intérieur, rien ne peut nuire à sa vie purement spirituelle. La volonté est passible comme tenant directement à la sensibilité qu'elle nourrit. Le sentiment est encore plus passible, puisqu'il est du ressort de l'instinct, principe moteur de la sensibilité qui forme les sentiments divers. Le corps visible demeure impassible comme un chêne, car il n'a que la vie végétale circulant dans ses membres, à part la sensation qui coule côte à côte du sang veineux sans se mêler à lui.

NOTE II

L'HOMME POSSÈDE-T-IL UNE FORCE PHYSIQUE IMMORTELLE ?

Cette question, si extraordinaire pour beaucoup, ne saurait se résoudre qu'en se reportant aux nombreuses démonstrations au moyen desquelles nous croyons avoir établi cette proposition, qui affirme que la vie sensible, fondement de la force libre, a sa source dans l'esprit, dans la volonté. Il serait inutile et fastidieux de répéter ici la série de nos arguments; nous considérons donc le principe comme étant admis et nous allons en tirer les irréfutables conséquences.

La force sensible, puisant la vitalité qui l'anime dans un esprit immortel, est nécessairement immortelle, comme cet esprit incessamment producteur. Dans le cours de notre existence et selon le tempérament de chaque individu, cette force manifeste son énergie en raison de la vigueur des organes, et son intensité agit visiblement en rapport avec la solidité des muscles. Si bien que ce ne sont pas les muscles qui donnent la force, ils servent seulement de supports et de leviers; ainsi un levier faible ne soulèvera que de petits objets, tandis qu'une grosse et longue barre de fer soulèvera de très pesants fardeaux, même en n'y appliquant qu'une pression peu considérable.

Il y a incontestablement en nous deux espèces de natures physiques dont les mouvements vivifient le corps; il y a la vie nutritive qui alimente la machine charnelle, qui fait circuler le sang et élabore les sucs gastriques; puis, d'autre part, la vie sensible qui meut librement les bras et les jambes; s'exprime par la parole et voit à travers les yeux. Cette dernière vie, séparable de l'instrument qu'elle met en jeu, est seule immortelle. Elle existe indépendante du corps; cependant, par réaction, elle est impressionnée et subit toutes les douleurs où l'entraîne son union avec cet organisme, si compliqué, et qui se détraque si souvent. En aura-t-elle toujours besoin, pour accomplir les fonctions qui la mettent en rapport avec le monde extérieur? Nullement; mon œil, par exemple, est un appareil que j'emploie, tantôt comme lunette d'approche, tantôt comme microscope, mais ce qui voit, ce sont mes sens. Car mes sens sont physiques, ils peuvent donc recevoir l'impression des objets directement, en se passant des organes charnels. Mes sens souffrent, jouissent et connaissent, la chair et le sang sont incapables de rien de pareil, et restent insensibles comme la paille du blé.

Ai-je dans mes jambes une force sensible qui les anime et leur impose la marche ou le repos? Comment nier l'existence de cette force, plus ou moins intelligente, qui obéit à la volonté et sait réaliser ce qui lui est ordonné? Eh bien! ceci reconnu, et comment le méconnaître? il en résulte la preuve certaine que la vie sensible, douée de telles facultés, se trouve tout à fait suffisante et un jour fournira, à elle seule, tout ce qui est physiquement nécessaire à notre activité et à nos relations soit avec les choses, soit avec nos semblables.

Tout est préparé pour que sans les os et les muscles nous puissions marcher, sans la langue nous puissions parler, sans les oreilles nous puissions entendre, et sans les yeux nous puissions voir. Car qu'est-ce qui parle ? Ce sont mes sens, c'est moi-même ; ce n'est pas notre langue, sans laquelle nous ne pouvons nous exprimer aujourd'hui ; mais demain les sens, doués d'une activité propre, par eux uniquement produiront des sons. Et pourquoi ? Parce qu'ils ont le mouvement ; or, au moyen de mouvements répétés qui s'entrechoquent, il se produit des sons, c'est-à-dire des paroles qui expriment le sens de la pensée.

Dans ce bas monde la chair épaisse et grossière qui nous enveloppe nous cache la vue de notre propre nature sensible, que nous ne percevons pas plus que la nature de la chaleur et les mouvements rapides de l'électricité ; forces imperceptibles que nous ne connaissons que par leurs effets éclatants. Ainsi, les deux puissances physiques, les plus grandes qui existent dans l'Univers, nous ne les voyons nullement dans leurs substances, pas plus que les forces sensibles qui animent nos organes tangibles ; nous ne les jugeons que par leurs résultats tactiles. Mais, sortis de l'enveloppe, le bandeau qui nous aveugle tombe et l'invisible devient visible, en apparaissant à nos regards étonnés et charmés a l'aspect de ce corps nouveau, aussi incorruptible qu'il est beau. Alors nous en contemplons la figure et les membres déliés de leurs entraves, en en possédant librement toute la force et tous ses avantages. En effet, qui nous empêche maintenant de voir la sensibilité physique présente dans tous nos organes, si ce n'est l'épaisseur de la chair ?

Rêves que tout cela ! s'écriera-t-on. — Non, car pour

peu qu'on veuille étudier à fond la constitution de l'homme, on arrive bientôt à la conviction que les choses ne peuvent se passer autrement. — Comment, ajoutera-t on, ne pas arriver à la certitude que la force vient du corps et n'existe pas sans lui, quand on considère la faiblesse des vieillards et la défaillance des mourants ? — Ce n'est réellement pas la force qui leur manque, mais l'instrument fait défaut et refuse absolument le service, tellement que sa résistance consume et réduit à rien toutes nos énergies. Brisez l'appareil usé et pourri, le moteur reprend son essor et s'élance dans sa liberté en déployant toute son ardeur. Sans doute si nous ne possédons qu'une âme spirituelle, tout cela ne se comprend pas, sous l'empire de telles idées on semble se perdre dans des rêves insaisissables et insensés.

Mais nous nous trouvons dans des conditions bien meilleures et il n'est pas permis de nous confondre avec les spiritualistes exclusifs ; nos raisonnements se fondent sur des faits observables, nous bâtissons sur un roc à base solide inconnue des anciens. Pourquoi dans toutes les religions a-t-on compris que les âmes, après la mort, ne peuvent vivre sans corps? C'est qu'il y a là une vérité évidente. Aussi la résurrection du corps du Christ est, pour tous les catholiques, un exemple qui s'étend et qui s'applique à tous les hommes. Au chapitre XVe de la Ire aux Corinthiens, il y a sur ce sujet un beau passage de saint Paul ; il dit très bien que la chair et le sang ne peuvent posséder le royaume de Dieu, et que néanmoins les élus posséderont un corps incorruptible plein de vigueur. D'accord, mais comment cela ? Voilà le nœud de la difficulté. Eh bien ! tout s'explique et le nœud est tranché par le glaive de la raison, quand on s'assure qu'il y a véritablement en nous une nature physique et sensible, quoique invisible, dont l'activité vivifie la chair et dont la force animée nous communiquera, à jamais, les mouvements nécessaires à la réalisation de nos pensées. Si on nie encore, si on nie toujours, l'âme reste accablée dans des doutes pénibles, dont l'esprit humain ne parviendra à se dégager qu'en cherchant la lumière où elle est.

NOTE III

QUELLE EST POUR L'HOMME L'UTILITÉ DES MEMBRES DE
SON CORPS ACTUEL ?

L'utilité matérielle de ce corps visible est fort contestable, car nous nous passerions bien du lourd vêtement charnel dont le corps sensible est chargé, corps aussi invisible que le fluide électrique, moteur qui meut si péniblement cette chair sujette à tant de maladies et qu'il faut faire vivre au milieu de tant de soins et de souffrances. En effet, notre faculté sensible, force motrice, pareille à celle de l'animal, avec cette grande différence que nos instincts sont plus nobles, qu'ils nous inspirent l'obligation du devoir et l'amour du bien en soi ; cette faculté qui occupe un lieu, qui agit physiquement et raisonnablement en remplissant toutes les fonctions nécessaires pour nous mettre en rapport avec nos semblables, en relation avec la nature matérielle qui nous entoure ; comment aurait-elle besoin des os et des vaisseaux sanguins ? Ainsi la nourriture et tout le travail qu'elle exige pour se la procurer sont inutiles à la sensation, puisque celle-ci puise sa force dans le sein de l'esprit d'où elle émane.

Mais toute la question se résume dans le point suivant : la

vie sensible est-elle issue, dérive-t-elle de la vie insensible?
— A ceux qui répondent non, nous leur demanderons comment ils expliquent les relations de l'âme et du corps? La solution offerte ici est la seule qui rende compte de la liaison qui existe entre ces deux substances. Comment auraient-elle entre elles une influence réciproque, à moins que l'une ne sorte de l'autre, à moins qu'elles n'aient des aspirations mutuelles, des besoins communs qui les unissent? Si souvent ces diverses facultés sont d'accord, c'est que les sentiments supérieurs, qui sont la propriété exclusive de la sensibilité, vont au même but que l'intelligence. Toutefois, ces sentiments se distinguent des propriétés de la raison autant que de la volonté; cependant tout en nous a une propension au bien qui, de temps en temps, reste victorieuse des influences de la matière. Enfin les grands sentiments valent les grandes pensées, bien que ces deux choses appartiennent à deux vies diverses, ayant chacune des natures très différentes.

La sensation et la force physique qui l'anime, provenant de l'esprit qui les alimente, ne doivent aucunement recevoir leur subsistance des produits de la terre; l'intelligence et la volonté sont des causes qui les nourrissent, d'une nourriture substantielle, éternellement inépuisable. Comment s'épuiserait-elle, puisque notre vie dérive d'une source divine? Aujourd'hui notre existence traîne après soi les anneaux d'une chaîne charnelle, mais bientôt la mort brisera nos fers. Il semble donc qu'il eût été plus simple et plus avantageux pour les hommes de les avoir créés de suite, seulement et uniquement avec un corps sensible que nous possédons caché sous la peau; et qui voit, qui touche, qui marche et accomplit tous les actes multipliés que nous réalisons à chaque instant. Pourquoi, misérables, nous a-t-on liés, enchaînés à une machine si gênante, cause de tant de douleurs ?

Eh bien ! ne murmurons pas, Dieu ne fait rien en vain et sans des motifs raisonnables ; si nous ne comprenons pas, abaissons-nous et gardons-nous de maudire notre destinée. Quel est le motif louable de Dieu ? Il a voulu nous opposer un obstacle, afin de nous exercer à une lutte indispensable à l'avancement intellectuel et moral de notre être ; lutte fortifiante, sans laquelle il nous serait impossible de puiser les qualités qui nous rendent propres à monter jusqu'au bien absolu. Sans doute il ne semble pas que nous ayons réellement besoin du globe et du cristallin de l'œil pour voir ce qui nous entoure, ce n'est pour nous qu'une fenêtre ouverte, mais ne m'enfermez pas dans ma prison, et la fenêtre me sera inutile. Cependant tout cet appareil charnel, inutile d'une manière, l'est beaucoup d'une autre ; ainsi supposez que vous n'ayez devant vous ni résistance à vaincre, ni difficultés à surmonter, comment votre personnalité pourrait-elle grandir ? Non, sans la douleur il ne nous serait pas donné de gravir le mont sacré de l'infini.

Quant à prétendre que la sensation ne vient pas de l'esprit, alors en l'homme elle vient du corps, ou bien elle existe sans lien avec les premières facultés. — Mais comment viendrait-elle du corps, puisqu'elle a des instincts moraux très supérieurs au corps ? Expliquez pourquoi elle résiste si souvent aux besoins du corps ? Non, si elle dépendait de lui, elle n'aurait pas ce pouvoir de le combattre. Il faut qu'elle meuve le corps pour lui faire prendre de la nourriture, car, inerte par nature, de lui-même il n'y

arriverait pas. Cependant la sensation dépend de la volonté,
nous remarquons à chaque instant qu'elle est sous le commandement de l'autorité volontaire, elle ne vit donc pas sans
lien et sans aide. Elle réclame en outre les soins et les lumières de la raison pour agir avec moralité et avec science ;
cependant elle n'en garde pas moins son individualité bien
nette.

Par toutes ces solides raisons, et par bien d'autres, on
s'assure que la vie sensible ne dépend pas du corps, qu'elle
est une branche, un fruit de l'insensible ; or, cette pousse
vivace ne peut résulter que d'une production continuellement alimentée comme les feuilles et les fleurs d'un arbre.
Néanmoins, cette faculté a une vie à soi, laquelle se rattache à l'intelligence et à la volonté par des liens si indissolubles qu'ils ne se rompront jamais. Il est insensé de s'imaginer que des sentiments élevés auxquels le sang et les
os ne peuvent prétendre, sentiments qui n'appartiennent qu'à
la sensibilité, dépendent d'autre chose que d'elle. Certainement sa nature, sa connaissance sensible se sépare du corps,
puisqu'elle a des notions du juste et du bien en soi inconnues de l'animal. Evidemment elle existe sans l'organisme
et le domine, puisqu'elle agit sous l'impression d'idées, de
perceptions sentimentales, souvent obligatoires pour la
conscience, qui n'ont rien de commun avec les impulsions
des fibres charnues, lesquelles obéissent à la force active,
d'où il résulte des mouvements raisonnables. Le sentiment
en soi et par essence est bien différent, bien séparé par ses
qualités de la raison et de la volonté, il appartient donc à
la sensibilité et, tout autant que l'intelligence, sa vertu nous
hausse au-dessus de la brute. Je ne prétends nullement que l'intelligence n'ait pas d'influence sur le sentiment ; non, mais

comme la fleur a sa vitalité, son animation particulière qui la distingue de celle de l'arbre auquel elle se rattache, de même à part la raison, notre racine, nos sentiments, en se perfectionnant, se portent au beau par eux-mêmes et nous font aspirer au sublime. Rien en l'homme ne se confond avec le sentiment religieux et rien ne le surpasse. Je maintiens donc malgré saint Paul que nos sens, nos instincts, nos sentiments sont de race humaine et ont le privilège d'être éclairés par Dieu ; n'allons pas les comparer à ceux de la race animale, ni à ceux de la race prétendue maudite d'Adam. Enfin, purifions nos aspirations religieuses des erreurs du passé et craignons de les répéter.

Et pourtant le grand apôtre des Gentils a raison : par le sang et par les membres, par l'influence de ces forces bestiales, nous sommes des animaux pervers, portés au mal et le faisant avec plaisir ; quoique par l'instinct sensitif, inspiré de Dieu, nous soyons d'une race privilégiée, tous enfants de Dieu, tous dignes de se hausser jusqu'à l'infini.

Ces réflexions théologiques, au sujet de l'animal, nous conduisent à dire un mot d'une des faiblesses de la science moderne en Histoire naturelle. Maintenant nous savons qu'on se rend compte de la cause du mouvement chez l'animal, en reconnaissant que la sensation est à la fois sa lumière et l'origine de la locomotion. Autrement on n'explique rien. Dans le passé Descartes a cru résoudre le problème de la vie des bêtes, en exagérant l'influence de la nature sur elles ; ainsi il a soutenu que les bêtes sont des automates. Depuis, nos savants se sont attribué un grand mérite en rejetant l'idée cartésienne avec dédain ; mais ils ne l'ont pas remplacée par une autre explication, si bien qu'avec eux on est moins avancé qu'en suivant Descartes. En effet, la pensée du grand philosophe contient une lueur de vérité très remarquable, alors qu'il professe que la nature meut les animaux. Ils sont éclairés par l'instinct qui suffit à leurs besoins, et la nature, en leur imposant ces besoins, les fait agir selon ses vues ; ni la volonté, ni l'intelligence, ni le raisonnement ne leur sont nécessaires, pourquoi les leur attribuer? Évidemment on déraisonne en voyant en eux la raison, elle n'y est à aucun degré ; à quoi leur servirait-elle? Ils choisissent selon leur goût et sans raisonner, rien qu'en sentant ; puis ils se meuvent vers ce qui leur plaît ou s'éloignent de ce qui leur déplaît. Pour connaître ils n'ont besoin que de sentir ; ainsi le doux ou l'amer, l'odeur des plantes ou celle de la viande, ce qui leur est utile ou nuisible.

Quand ils cherchent à savoir ce qui leur convient le mieux, ce n'est nullement à l'aide du raisonnement et d'une opération intellectuelle qu'ils y parviennent, mais uniquement par les sens qui leur font discerner le meilleur ; de même ils apprennent, au moyen de la sensation instinctive, à reconnaître le mal et à le craindre. On veut que l'animal soit un homme en petit ; plus développé, il nous égalerait ; on affirme doctement qu'il possède toutes nos facultés, seulement elles sont restreintes et raccourcies à la taille de ses besoins. — Non, il ne nous ressemble très peu que par un seul côté ; non, il reste toujours irresponsable, toujours irraisonnable, toujours l'instrument docile au joug très despotique de la nature ; tandis que souvent nous rejetons avec fierté ce joug honteux, soit par la raison, soit par la volonté, soit par l'instinct moral. Puissances libres qui manquent totalement à la brute, allant forcément où ses appétits la poussent, comme nous poussons devant nous une pierre du pied. Enfin, bravant l'Académie des sciences, et notamment le secrétaire perpétuel de cette académie, M. Flourens, qui, dans un livre intitulé *De l'Instinct et de l'Intelligence des animaux*, se fait l'écho fidèle de ses confrères, disons hautement que, sauf quelques détails, sauf quelques expressions à retrancher, il faut maintenir et défendre, contre tous, les opinions de Descartes et de Buffon. C'est une honte, pour l'Académie, de les avoir abandonnées, au profit du matérialisme.

NOTE IV

L'ÊTRE HUMAIN PENSE-T-IL, VEUT-IL ET AGIT-IL, AVANT QU'AUCUN
MOUVEMENT VOLONTAIRE AIT ÉTÉ COMMUNIQUÉ AU CORPS ?

Tous les êtres doués du mouvement locomoteur ne le
possèdent qu'à la condition d'avoir la faculté de sentir ;
d'ailleurs, outre la force, il faut le tact et la vue pour savoir se diriger. Un esprit pur est nécessairement immobile
à jamais. Les arbres, les végétaux possèdent la vie nutritive ; quant au mouvement extérieur, ils en sont absolument
privés, parce qu'il leur manque la sensibilité. Le fœtus est
dans le même cas que les plantes, il a la vie nutritive,
mais la locomotion de lui-même ne lui vient que quand il
reçoit la sensibilité ; en effet, à défaut des sens, le mouvement ne ce conçoit pas, c'est un non-sens. — Mais, dira-t-
on, sans la chair point de mouvement ? — Comment cela ?
Certes, je sens invisiblement, j'éprouve un mouvement
intérieur et caché avant d'agir visiblement ; car si, par
exemple, je ne sentais pas la douleur, si je ne voyais pas le
danger, je ne chercherais pas aussitôt à l'éviter. Ces émotions sensibles sont évidemment des mouvements réels qui
précèdent ceux que je communique ensuite à mon organisme ; ils existent donc positivement, à part ceux du
corps. Et notez bien ici que ce ne sont pas là des actes

spirituels, non, l'émotion sensible est une chose physique qui agit sur une autre chose physique. — Cependant, insistera-t-on, sans la chair point de souffrance et point de mouvement pour l'éviter ? — Erreur, ce qui ne sait rien ne sent rien ; or, c'est le cas des os et du sang, aussi ils ne connaissent pas la douleur; il n'y a que ce qui connaît en sentant qui éprouve la peine et le plaisir.

Ce n'est donc pas le corps qui m'avertit, ce sont les sens impressionnés, eux seuls voient le danger; le corps corruptible ne sent même pas la douleur, il périt sans avoir jamais réellement souffert. Cependant on entendra dire que la vigne a souffert de la gelée, si bien qu'elle ne pourra porter du raisin : oui, sa végétation est arrêtée, elle languit, mais il n'y a pas là de sensation, elle ne sent pas plus la douleur que l'herbe des prés qui tombe sous la faux du faucheur. Il en est de même de ma charpente osseuse ou veineuse ; elle ne connaît ni la souffrance ni rien de ce qui se sent.

Le corps humain, inerte par lui-même et par nature, ne devient un mobile que quand il est mobilisé par un mouvement qui lui est transmis, soit par la sensation mobile elle-même, soit par une autre force impulsive. Or, l'action motrice, qui le fait changer de place, existe en qualité de cause active avant l'effet de transmission. Et comme la sensibilité vivifiante appartient à l'homme et non à la machine membraneuse, l'homme agit donc avant la machine et avant de la faire aller.

Du reste, on ne peut vouloir qu'après avoir connu, et en l'homme les premières connaissances, mères des secondes, ne lui viennent pas par les sens, comme nous l'avons plusieurs fois démontré. Ainsi les idées de cause, de perfection, dons de celui qui nous a créés, ne doivent rien aux images de la sensation. Et sans ces connaissances initiales il est impossible de raisonner, impossible d'avoir la notion du vrai en soi, du juste en soi, puisque seules elles ont la lumière de ce vrai et de ce juste absolus, qui, avec le secours des sens, produisent les connaissances secondes. Mais je reviens à la question et je le répète : on ne peut vouloir qu'après avoir connu ; en outre, on ne peut agir qu'après avoir voulu, l'exécution n'est que la conséquence de l'ordre donné à la force qui l'applique. Il y a donc bien certainement une série d'actes, cachés à la vue, qui précèdent tout mouvement corporel ; à moins qu'avant la naissance il ne soit donné par la mère ; mais enfin j'entends parler des mouvements volontaires d'un être qui respire. Du reste, et sans chercher à préciser le moment où s'opère l'union de la nature humaine avec la nature charnelle, nous avons le droit d'affirmer que l'homme agit avant la machine en formation ou tout à fait formée, c'est-à-dire antérieurement à sa jonction avec le corps périssable. Point important qu'il est essentiel d'établir et de retenir. Car, si nous avons vécu avant la formation du lien qui nous rattache à la chair mortelle, il en résulte que rien ne s'oppose à ce qu'un jour nous vivions de même après la rupture qui brise ce lien mortel. La séparation douloureuse opérée, nos facultés sensibles et insensibles conservent toute l'énergie de leur puissance.

Le fœtus ne semble être qu'une espèce de plante nourrie par les entrailles qui le portent, il ne devient capable de vivre en dehors de sa mère que lorsqu'il est travaillé par l'animation sensible ; plus tard, quand le corps usé ne sera plus apte à recevoir ce travail utile, il doit mourir ; tandis que la sensibilité continue à vivre par l'esprit qui la vivifie dans le présent, l'a vivifiée avant l'union avec les membres et la vivifiera dans l'avenir immortel. Pourquoi la sensation est-elle une force? Parce qu'elle est un mouvement et que tout mouvement se trouve en état de transmettre sa locomotion. En effet, la parole, l'ouïe, la vue sont des mouvements ; ainsi, toute sensation opère un travail physique et se trouve être une force transmissible ; or, celle de l'homme agissant sur le corps, mais étant alimentée par une cause impérissable, ne périra jamais. On a eu le tort grave de supposer et d'enseigner qu'il existe une autre espèce de moteur, d'un genre bien différent, qui pousse, attire et remue la matière. Contentons-nous de répéter ici que la volonté, n'étant pas un mouvement, manque nécessairement du pouvoir moteur, elle n'a que la propriété d'engendrer le travailleur pour lui commander les mouvements utiles qu'il a à réaliser; et même souvent en nous, par de nobles instincts et des sentiments supérieurs, l'engendré domine l'engendreur, et son pouvoir sensible lutte victorieusement contre l'homme en améliorant et en changeant sa volonté.

Depuis que l'humanité occupe cette terre, la chair a été maudite, en Orient comme en Occident, par les plus grands philosophes et par les plus illustres théologiens; saint Paul et bien d'autres ont cherché les expressions les plus violentes pour la charger de leurs exécrations; toutefois, craignons de nous y méprendre. Je dis que cette substance, si réprouvée, rend d'immenses services à l'homme et à sa sensibilité en les retenant sur notre globe, afin qu'ils y subissent les épreuves utiles dont leur éducation morale et leur instruction intellectuelle ne peuvent se passer. Voilà pourquoi le Créateur a doué notre être d'un instinct invincible qui est un lien dont l'énergie le rattache ici-bas; tant

il est vrai que le mal est un enseignement perpétuel créé
pour nous faire connaître et aimer le bien; de telle sorte que
cette espèce de démon recèle en lui un moyen caché, destiné à nous entraîner vers notre fin divine. Ainsi l'instrument charnel se trouve être extrêmement favorable à notre
perfectionnement; et pourtant c'est une entrave, une gêne
de tous les instants; la vie humaine se débat sous le poids
de ces lourdes chaînes, et ne peut devenir entièrement libre
et heureuse qu'en se dégageant de ce lourd fardeau. Après
ce divorce mortel pour la machine usée par l'usage ou par
une autre cause, la sensibilité, délivrée, se trouve probablement, par son essence éthérée et sa légèreté plus
grande que l'air atmosphérique, portée rapidement vers
d'autres demeures lointaines; il y a dans l'espace assez
de globes pour la recevoir. Ce départ et ce voyage s'expliquent naturellement, et l'homme emporte avec lui toutes
les richesses de ses facultés sensibles et spirituelles, sa vie
se retrouve entière et plus libre; il n'a qu'un grand ennemi
de moins.

Quant à l'existence de l'animal, elle est nécessairement
périssable, parce qu'elle ne reçoit l'animation que du périssable; voilà pourquoi on a énormément tort d'oser l'assi-
miler à celle de l'homme; cette vérité a été solidement éta-
blie par Descartes et par son grand disciple Buffon. A leurs
preuves nous venons en ajouter une nouvelle encore plus
solide, en faisant voir clairement que la sensation, chez l'a-
nimal, procède du corps, tandis que, chez l'homme, elle est
issue de la raison, laquelle est formée et vivifiée par des idées
immuables inconnues à la bête.

NOTE V

EXISTE-T-IL UNE OBJECTION CAPITALE?

Oui, et la voici : la sensation n'est qu'une propriété inhérente à tout corps vivant, soit de l'homme, soit de l'animal, ce qui prouve bien qu'elle ne peut se séparer de la chair, pas plus que la lumière ne peut se séparer du feu, l'humidité de l'eau et la matière de l'étendue. Cette vérité, certaine en fait, indéniable devant la raison, ébranle tout votre système ; manquant de base, il s'écroule misérablement. — Est-ce bien sûr ? Car enfin la sensation a une nature invisible, douée d'instinct et de force, laquelle sait ce qu'elle fait ; or, les os et les nerfs sont visibles, et ne peuvent par eux-mêmes posséder de pareilles qualités, elles ne sont donc pas inhérentes au corps que nous touchons. L'instinct s'appartient à soi-même, comme ayant sa lumière à soi, bien distinct du corps, puisqu'il éclaire et guide les mouvements du corps ; dès lors on voit que sûrement cette connaissance sensible ne se confond pas avec la substance des membres. D'ailleurs, toute portion de matière tangible existe inerte par elle-même : qui oserait contester un tel principe ? Ainsi, aucune propriété de la matière ne peut donner à la chair la faculté de locomotion qui lui est refusée à elle-même ; d'où reçoit-elle l'impulsion ? Évidemment d'un autre mouvement ; or, la sensation est essentiellement active et impulsive par soi-même ; c'est donc elle qui communique aux membres son mouvement, en les animant de sa vitalité motrice. En vain vient-on nier des vérités aussi claires.

La cause productrice des mouvements de nos organes étant en dehors de la nature de ces organes, bien que son travail les pénètre, il en résulte que cette cause physique peut se dégager et se trouve séparable de son mobile. On s'assure encore davantage de la certitude de cette vérité, quand on considère que, par le développement de nos instincts moraux, nos sentiments s'élèvent à la hauteur, à la valeur, à la noblesse de l'intelligence; or, comment ces sentiments purs et généreux sortiraient-ils de la source impure de la chair? Comment seraient-ils nés du froid ou du chaud de la tête? Comment surgiraient-ils des maladies, des saletés de tous genres qui pourrissent cette chair? Sans doute, ces basses impressions produisent des effets sur les sens et sur les sentiments les plus grands, mais, entre ces impressions corruptibles et les sentiments supérieurs, il y a d'énormes différences, soit dans leur origine, soit dans leur nature, soit dans leur résultat. Du reste, les sentiments de l'homme ne sont ni volontaires, ni dus au raisonnement, un instinct divin les anime et les porte au sublime.

Même dans l'animal, il y a une séparation distinctive entre la sensation et les mouvements visibles du corps, attendu que les mouvements de la sensation précèdent nécessairement ceux des membres, car il faut savoir ce qu'on va faire et s'y disposer avant de le faire. Du reste, le germe originel de la sensation de la bête vient du corps et le traverse, comme la sève, qui donne naissance au fruit, passe à travers la branche ou monte dans la paille du blé avant de produire soit le fruit, soit le blé. Lorsque le corps, la branche ou la paille meurent, la sensation périt, le fruit se dessèche, et le blé ne reçoit plus rien de la paille pourrie. Ainsi, la sensation, ne recevant plus rien du corps, meurt avec lui. Néanmoins, la sensation, dans la bête, est supérieure au corps, comme le blé a plus de valeur que la paille ; dans la bête, ce sont deux matières, deux organisations très différentes ; l'une meut, l'autre est mue ; la supérieure agit en connaissant, l'inférieure, ne connaissant rien, marche sous l'effort qui la pousse ici ou là.

En l'homme, la génération de la sensation a lieu tout autrement ; nous en donnons la preuve en faisant observer que, si elle passait par le corps et venait de lui, il se trouverait qu'elle ne se rattacherait nullement ni à la raison, ni à la volonté, ce qui n'est pas. Nous savons, à n'en pas douter, que la raison et surtout la volonté la commandent. Il est nécessaire qu'elle descende de ces facultés premières, afin que, par leur canal, le Créateur communique à la sensibilité humaine les qualités morales qui la placent si au-dessus de celle de l'animal ; dérivant de ces facultés immortelles par essence, elle en vit maintenant et en vivra à perpétuité. Ainsi la sensation n'est pas une propriété inséparable du corps humain et qui lui soit inhérente ; nullement, elle a existé avant de s'unir à lui, comme elle existera après lui ; n'étant pas née de lui, pourquoi périrait-elle pareillement à lui ? Non, nourrie par son âme spirituelle qui est elle-même alimentée par la puissance, la chaleur et la lumière éternelle de Dieu, elle en sera animée, vivante aussi longtemps que celui qui lui donne sa subsistance ; puisant de la sorte et sans fin son immortalité dans la source infinie qui n'a pas commencé et ne finira jamais.

(Terminé à Boulogne-sur-Seine, ce 8 janvier 1882.)

TABLE DES CHAPITRES

SUPPLÉMENT AUX ÉTUDES SUR LA NATURE DIVINE ET HUMAINE

NOTES EXPLICATIVES

SUR L'ORIGINE DE LA FORCE ET DU MOUVEMENT CHEZ L'HOMME ET CHEZ LES ANIMAUX

Paris. — Imprimerie de Ch. Noblet, 13, rue Cujas. — 9011

9 782329 239958